ぶらりあるき
インドネシアの博物館

Indonesia

Museum

中村　浩
Hiroshi Nakamura

芙蓉書房出版

ジャワ島

国立博物館（ジャカルタ）

歴史博物館（ジャカルタ）

メラピ火山博物館（ジョグジャカルタ）

アファンディ美術館（ジョグジャカルタ）

国立公文書博物館（ジャカルタ）

戦争博物館（ジョグジャカルタ）

動物学博物館（ボゴール）

世界最大のコーラン（コーラン博物館、ジャカルタ）

アジア・アフリカ会議会議場（バンドゥン）

科学技術博物館（ジャカルタ）

王宮博物館
（ジョグジャカルタ）

バテック・ギャラリー
（ジャカルタ）

セウ寺院の守護神クベラ像（プランバナン）

バリ島

バリ博物館（デンパサール）

ネカ美術館（ウブド）

ニョマン・グナルサ美術館（クルンクン）

民族舞踊ケチャックダンス

アントニオ・ブランコ・ルネサンス美術館（ウブド）

アグン・ライ美術館（ウブド）

ガムラン音楽の楽器
（ニョマン・グナルサ美術館、クルンクン）

ヒンズー教の山車飾り
（ヤダナヤ博物館、メングウィ）

影絵人形コレクション
（仮面とワヤンの博物館、マス）

最後までオランダに抵抗した住民の姿を描いた絵（クルタ・ゴサ博物館、スマラプラ）

石棺の展示（考古学博物館、ウブド）

まえがき

インドネシアは、日本と同じく火山が多い島国です。飛行機の窓から眺めると、火山の山なみがひときわ目立ち、現在も噴煙を上げているものもありますが、突然の噴火で多くの被害をもたらせることもあります。

かつてジャワ島中央部の土器作りの集落の調査を行ったことがあります。近年、その村を再度訪問しました。昔の姿もたくさん残っていましたが、村の中央の道路はコンクリート舗装され、近代的な建物も目立ちました。のどかな田舎の風景は失われており、時代の変遷を感じざるを得ませんでした。

世界遺産に登録されたボロブドゥール寺院やプランバナン寺院もかつての姿からは大きく様変わりし、世界有数の観光地として整備が行われています。

一方、バリ島は、世界的に知られた海洋リゾート地として日本からの観光客も多く訪れる地域の一つです。この小さな島に三〇を超える博物館があるのは意外でした。また近年は、棚田などを含めた農業地域が世界遺産に登録され、訪れる観光客も増加しています。

ジャカルタは人口集中が著しい都会です。朝夕の交通渋滞は、どこからこれほどの人が集まるのかと思うような自動車とバイクの洪水です。よくこれで事故が起きないものだと思うのですが、滞在中は事故にあうことも見かけることもありませんでした。

バリとジャカルタには日本各地から直行便が乗り入れており、六時間前後のフライトで訪れることができます。

東南アジアの国々の中には、治安上、社会的、政治的な問題など課題を抱えているところもありますが、本書で取り上げた都市は、ほぼ安心してよい地域といえるでしょう。むろん身辺の安全には十分な注意が必要であることはどこへ行っても同じです。

博物館の施設は洗練されたものは多くはありませんが、よく整備されており、今後の発展には興味深いものがあります。

博物館を訪ねることで、その国の風土、民俗、歴史がわかります。少しでも興味、関心が芽生えるきっかけとして頂ければ幸いです。

中村　浩

ぶらりあるきインドネシアの博物館●目次

バリ島の博物館 113

ジャワ島の博物館

ジャカルタ　Jakarta

インドネシアの首都であり最大の都市ジャカルタは、人口約九五〇万人、近郊を含めると実に三〇〇〇万人に達する世界有数の都市です。

オランダは一六一九年ジャカルタに進出して要塞を築き、地名をバタビアとしてここに東インド会社を作り、貿易の拠点としました。ジャカルタにはさまざまな分野の博物館が多数あります。

←

① 国立博物館(旧館)
② 国立博物館(新館)
③ 独立記念塔(モナスタワー)
④ ジャカルタ歴史博物館
⑤ 絵画・陶磁博物館
⑥ ワヤン博物館
⑦ 海洋博物館
⑧ タマン・ミニ・インドネシア・インダー(TMII)
⑨ 碑文博物館
⑩ テキスタイル博物館
⑪ バテック・ギャラリー
⑫ ナショナル・アート・ギャラリー
⑬ インドネシア銀行博物館
⑭ マンディリ銀行博物館
⑮ 国立公文書博物館
⑯ 軍事博物館
⑰ インドネシア・ワールド

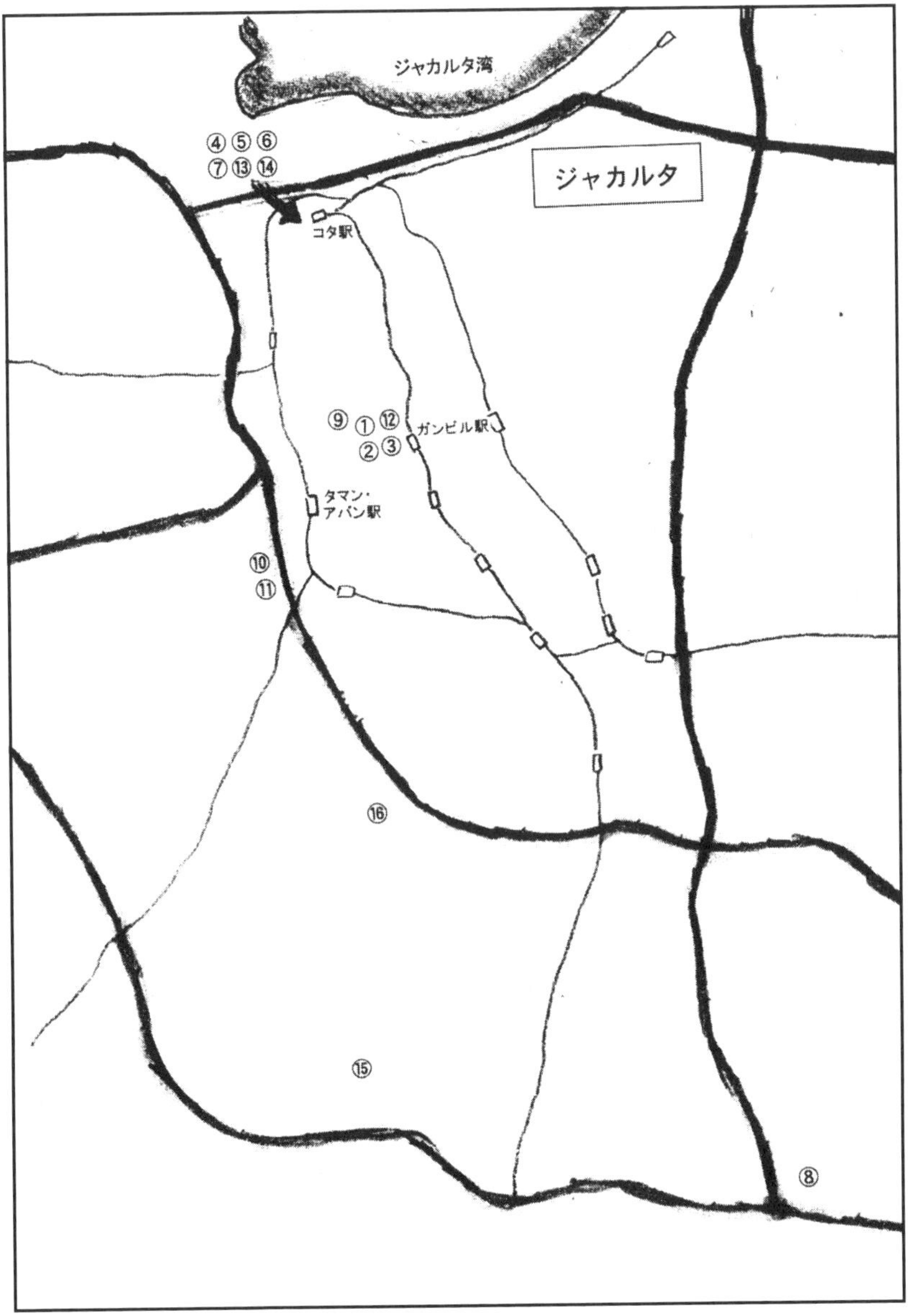
ジャカルタ湾
④⑤⑥
⑦⑬⑭
ジャカルタ
コタ駅
⑨①⑫
②③
ガンビル駅
タマン・
アバン駅
⑩
⑪
⑯
⑮
⑧

✳国立博物館（旧館）Museum Nasional

独立記念塔（モナス）のあるムルデカ広場の西側にある、インドネシアを代表する博物館です。正面にタイ王国から贈られた象の彫像が置かれていることから、地元では「象の博物館」とも呼ばれているそうです。

建物は重厚な石づくりの二階建てで、広い中庭があり、展示室は中庭を取り囲むように設けられています。木製、ガラス張りの展示ケースは落ち着いた感じなのですが、自然採光中心のため展示室内が薄暗く、展示品がよく見えないのが残念です。二〇〇七年に旧館の隣りに近代的な新館が建てられ展示品は移されていますが、旧館に残されているものの中にも優品がたくさんあります。

博物館の中庭

入口付近にボロブドゥール出土の阿弥陀如来坐像がありました。九世紀に造られた高さ一〇八センチの安山岩製の石仏で、右肩に衣を着し、禅定印を結び、右足を上に結跏趺座《けっかふざ》し、頭の螺髪《らほつ》は大きく白毫《びゃくごう》を有しています。ボロブドゥール寺院には五〇四体の如来像が安置されていましたが、この像は西側の九二基の仏龕《ふつがん》の一つに収められていたものと考えられています。

このほかにも多数の石仏がインドネシア各地の遺跡からこの博物館に集められており、その多くは中庭や廊下に展示されています。たくさんの石造物が集められ保護されたのはよいのですが、あまりに多すぎたた

国立博物館（旧館）

めか、展示というよりはただ置かれただけのように見えます。

このほかインドネシアで集められた中国、日本、タイなどの陶磁器コレクション、家具調度品、ガムラン音楽の楽器なども旧館の展示品として注目されるものです。

✳国立博物館（新館）Museum Nasional

旧館に隣接して新たに建設された四階建ての施設で、二〇〇七年六月二〇日に開館しました。旧館と比べると、展示室が明るく見やすくなっています。

国立博物館（新館）の入口

一階入口の左側壁面にはインドネシアの地図とたくさんの人の顔写真の電飾看板があります。この国にはこれだけ多くの民族があると示しているのでしょう。
一階の展示の大きなテーマはジャワ原人です。地質時代から現在までのインドネシアと大陸の関係がパネルを使って解説されています。次に人類の進化過程、現在までのジャワ原人の調査成果を並べています。ジャワ中部のトリニールで発見された頭蓋骨や大腿骨は、後の研究の出発点となった重要な化石であり、特別扱いで展示されています。同じ時代の動物化石や石器なども見られます。ジャワ原人の住居、洞窟内の遺跡や、時期的には少し新しい先史時代の墳墓の埋葬状況を示したジオラマなどが展示されています。
二階のテーマは「技術社会の登場」です。文字が刻まれた石碑、ヒンズー教との関連でリンガなどの石造品、建物などの写真や模型などが見られます。さらに航海技術との関連から羅針盤や測量機器、地球儀、船舶の操舵機、地図、刳り抜き船や帆船模型、自転車などもあります。中央部は四階まで吹き抜け構造となっているため展示面積は狭くなっていますが、展示内容は戸惑うほど多様です。

三階の入口付近には大きな銅鼓が置かれています。銅鼓はベトナムなど東南アジア地域ではよく見かける銅製品で農耕儀礼と関係がある祭祀用具と考えられています。

腕輪や櫛、髪飾りなどのアクセサリーが集められているコーナーがあります。銀、銅、鉄などの金属製から木製、動物の骨、玉類で作られたものまで様々です。トンボ玉のような色彩豊かなもので作られたネックレスもあります。祭祀儀礼に用いられた冠飾り、金銅製品のオードブル皿もあります。

焼き物では、動物などを形どった珍しい器形の素焼きの土器があります。呉須でアラビア文字を描いた大皿や、釉薬を施した陶器壺などがあり、イスラム教関連では祭器やモスクの模型などが見られます。銀

ジャワ原人の骨

石碑の展示

3階展示室

大型の秤

器及び金属器では碗、鉢、水瓶、盤などの器種があります。

織物では、バテックをはじめ伝統的な織物などが見られます。机、椅子、衝立などに細かな細工が施されたチーク材家具が展示されています。突っかけ状の木製の下駄が三点ありました。うち一点は鼻緒の部分に簡単な突起が一本あるだけの簡単な構造のものですが、見た目にも涼しく実用的でした。他には漁具や農具が置かれていました。

このフロアには、旧館に展示されていた各地方の民族の住居、たとえば極端に高い高床建物や平屋の集会施設の建物、あるいは草ぶき屋根の建物などの模型が展示されています。

四階は陶磁器のコーナーです。インドネシアが東インド会社を通じて集めた中国陶磁などが一堂に展示されていますが、展示物は多くはありません。まだ旧館に置かれたままなのかもしれませんが、せっかくの施設が残念です………。

✳独立記念塔（モナスタワー）
Monumen Nasional（Monas）

ジャカルタ市街地の中心部にあるムルデカ広場にある塔です。正方形の燭台に立てられたろうそくのような純白の塔で、最上部には燃える炎を表わした黄金の塊が見られます。「モナ

独立記念塔

ス」とはモニュメント・ナショナル（国家モニュメント）を略したものです。高さは一三二メートルあり、純金の炎は五〇キロもあるそうです。エレベータで展望台まで登ることができます。また台座部分の方形の建物は博物館として公開されています。館内は涼しすぎるほどの冷房が効いています。薄暗いので、目が慣れるまで少し時間がかかりました。

先史時代から古代・中世をへて現代のインドネシアに到るまでが、壁面すべてを使ってジオラマで表されています。先史時代のジャワ原人が狩猟をする姿、新石器時代の土器のある暮らし、ボロブドゥール寺院の建設作業の風景、夜間に祈る人々、中世の大航海時代、大海原を行く帆船、一八二一年から一八三七年、一八五九年から一九〇五年に起こったオランダとの戦闘風景、日本軍による強制労働、各地の独立運動の様子、独立宣言など、通覧するとインドネシアの歴史の概要が理解できるようになっています。

✳ジャカルタ歴史博物館　Museum Sejarah Jakarta

ジャカルタ北部のコタ駅の北側にファタヒラ広場があります。ここは東インド会社時代の建造物が多く残っている地域です。広場前のジャカルタ歴史博物館は一六二七年に市庁舎として建設されたもので、オランダが統治支配した時代の重要な施設です。

一階のタイル貼りの床を歩いていくと朱塗りの手すりの階段があります。両端にはかわいい唐獅子が付けられています。ここを登り二階から外を眺めると噴水のあるファタヒラ広場が広がっています。

チーク材の作り付けの書棚など重厚な家具があり、楕円形のテーブルと椅子が

ジャカルタ歴史博物館

2階展示室

置かれた、他とは異なる雰囲気の部屋があり、かつてオランダ総督が使用した調度品などが展示されています。

その部屋を出ると、床面に無造作に大きな陶器製の壺が六個、さらに別の場所には一〇個も置かれています。観賞用ではなく日常の雑器として使用されたものです。このほかにも中国、日本の陶磁器が展示されています。こちらは美術品として扱われていました。

東インド会社

十五世紀にポルトガル、スペインは東洋地域との交易をはじめました。これから一世紀遅れてオランダの東洋進出が始まりました。そのきっかけとなったのは一五九五年～一五九七年のハウトマンの航海でした。その後、オランダでは多くの会社が競って東南アジアへの貿易に乗り出し競争が激化します。一六〇二年、ヨーハン・ファン・オルデンバルネフェルトの提唱によって、組織を強化するため複数の商社を合併し独占商社「東インド会社」を設立しました。会社にはオランダ政府から条約締結、自衛戦争の遂行、貨幣の鋳造、要塞の構築などの強大な権限が与えられ、まるで国家のような性格を持つことになりました。

アムステルダムのほかにロッテルダム、デルフト、東フリースランド、ホールン、エンクハイゼン、ミッテルドルフの六ヵ所に支部（カーメル）を置いていました。

一六一九年にジャワ島の古都ジョグジャカルタに本拠を移し、バタビアと改称し貿易の拠点としました。

この間、インドの綿、中国の絹、日本の銅、銀、インドネシアの香辛料などの貿易によって、東インド会社は莫大な利益を得ました。十七世紀にはその最盛期を迎えますが、イギリスとの競合、バタビアの独立、オランダ国内の政変などによって次第に衰退し、一七九八年に会社は解散し、二世紀に及ぶ歴史を閉じました。

✺ 絵画・陶磁博物館 Museum Seni Rupa & Keramik

ファタヒラ広場の東側にある博物館で、旧バタビア裁判所の建物を利用しています。古典様式の落ち着いた雰囲気を持つ美しい建物です。

絵画では、火山噴火の図がいくつか展示されており、さすがに火山国という印象を強く受けます。

陶磁器は、中国との交易で得られた磁器や皿、壺を中心にコレクションされています。それらの中にはタイ、ベトナムなど近隣諸国の製品も含まれているように思えます。

このほかインドネシア沿岸地域の海底から出土した、いわゆる海揚がりの遺物の展示が見られます。なかには中国の銅鏡もあります。唐時代から宋時代まで遡るも

絵画・陶磁博物館

海揚がりの遺物の展示

のがあり興味深いものです、

✳ワヤン博物館　Museum Wayang

ファタヒラ広場西側のこの博物館は、かつては教会でした。

東南アジアはワヤンという影絵人形芝居が盛んで、各国にその文化が残されています。インドネシアではワヤン人形をコレクションした博物館がジョグジャカルタやバリなどにもあり、関心の高さがわかります。ジャカルタにはこの博物館のほかにもタマン・ミニ・インドネシアなどに展示施設があります。

展示品には、影絵用のワヤン人形や大型の操り人形なども見られます。建物内は薄暗く、十分展示品が見えないのが残念でした。ミュージアムショップではワヤン人形を彫る体験ができます。

ワヤン博物館

✳海洋博物館　Bahari Museum（Maritim Museum）

ジャカルタ湾のスンダ・クラパ港に一七一八年、東インド会社のスパイス倉庫として建てられた建物群があります。ここが現在海洋博物館として公開されています。

展示室として使用されている建物は特に改修した様子もなく、倉庫らしい空間が広がっています。そこに、かつて栄えていた頃のバタビアを描いた図のパネルがあります。港にはいくつもの大型の帆船が停泊

海洋博物館

帆船の模型

し、その周りを小型の船が往来しています。港町は近代的な建物が隙間なく建ち並んでいます。

また、中世の東インド会社時代のものから一九世紀頃のものまで帆船の模型が一〇点以上あります。その精巧な出来栄えには目を見張ります。

船の操舵機、木製の舵、金属製のスクリュー、非常用の縄梯子などを見ることができます。羅針盤や望遠鏡などの機器類もケースに入れられています。解説パネルもありますが、インドネシア語で書かれているのであまり理解できませんでした。港の姿がジオラマ模型で復元されています。民族資料としての丸木船が三艘展示されています。おそらく海洋民族が使用していたものなのでしょう。最大の船は約五メートルあり、グリーン、ホワイト、ブルーに塗り分けられています。

✳タマン・ミニ・インドネシア・インダー（TMII）Taman Mini Indonesia Indah

インドネシアの多様な民族の生活・文化を一堂に集めたテーマパークです。すべての州のパビリオンがあり、各民族の暮しや食事、習慣、民具などをみることができます。

園内には、電気、科学技術、電話、昆虫、淡水魚、切手、エネルギー、軍事、交通など各分野に特化した博物館もあり、専門的な領域からもインドネシアの状況を楽しむことができるようにエ夫されています。

✳インドネシア文化博物館

Museum Sejarah Nasional

インドネシアの民族資料を収集展示する博物館です。ＴＭＩＩの園内にあります。

赤レンガづくりで、三階のさらに上に塔屋が建てられています。インドネシア独特の伝統的な建築様式を踏襲しているようです。

展示フロアは一階から三階までです。一階から見ていきましょう。ここではインドネシアの民族芸能のワヤン人形やガムラン音楽の楽器が展示されています。壁面には演奏で使用される弦楽器が集められています。中国の胡弓に似たものが多く、弓で弾いて奏でるようです。マンドリンのような形状のものも見られます。グリーンに塗られたものもありますが、ほとんどはモノトーンの地味なものばかりです。

人形芝居は東南アジア地域ではとくに盛んです。ここには影絵人

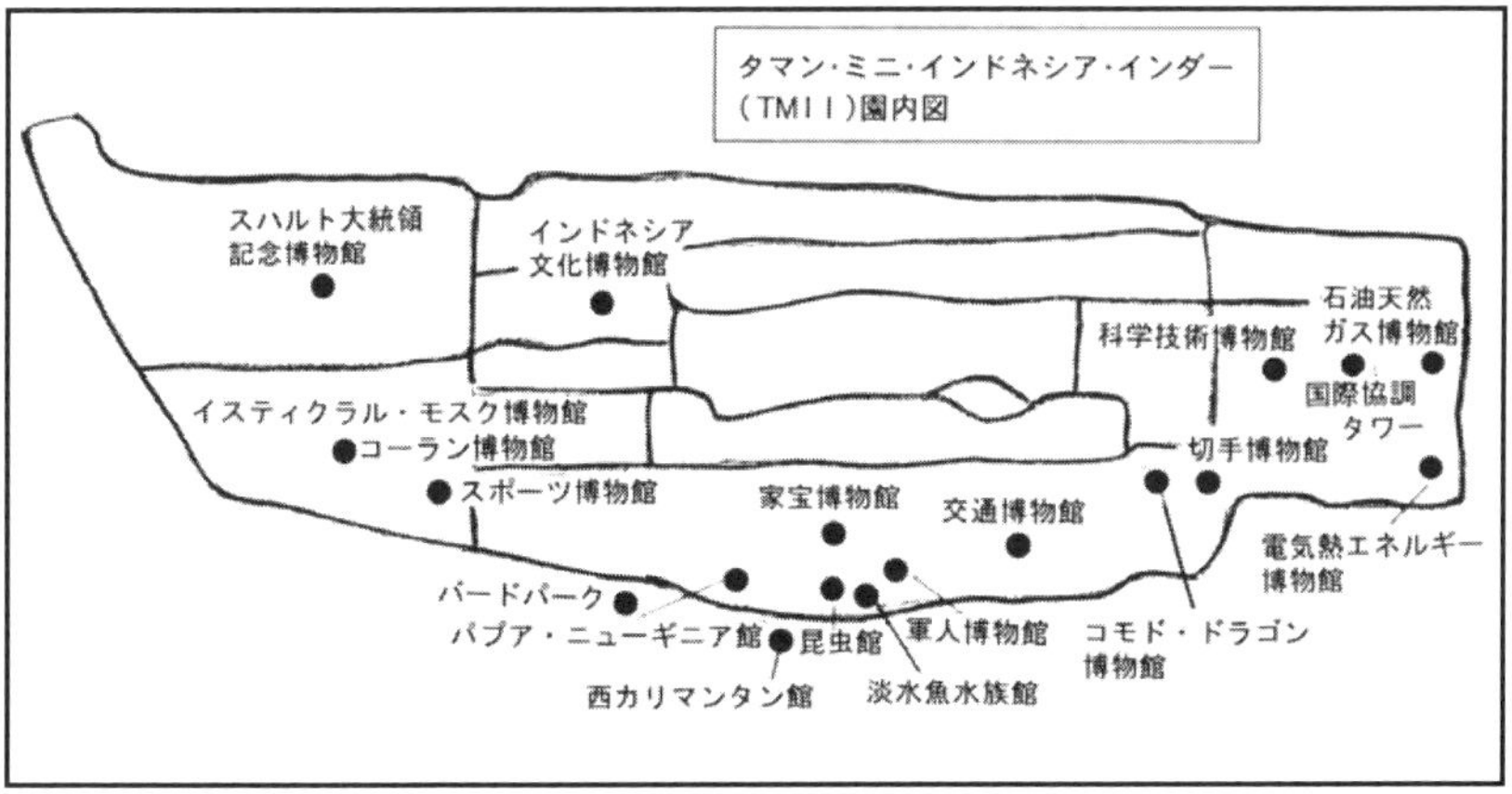

インドネシア文化博物館

民族舞踊のマネキン

形のように彫刻が施された平面的な人形や、足や手に付けた糸で操る立体的なものがあります。人形の衣装にも凝った表現が見られます。さらに人間が衣装を着けて踊る様子もマネキン人形で展示されています。様々な表情の仮面も壁面いっぱいに掲げられています。中央のガラスケースには、ガムラン演奏の様子がマネキン人形でリアルに再現されています。木琴楽器も実物が展示されていますが、実際にどのような音が出されるのかは聞くことができませんでした。

二階は人間と暮らしのコーナーです。ここでは各地域の家屋の模型が並べられています。ドーム状の屋根で覆われただけの単純なものから、樹上生活の建物や高床式の建物、さらには日本の合掌作りのような屋根を持つ本格的な構造物に到るまで実に多様です。木材加工の技がいかんなく発揮された室内調度品もいくつか見ることができます。

暮らしの道具では、狩猟道具から農耕作業用の犂、鍬、鉈、鎌などの道具類が集められています。脱穀に用いた木臼や運搬用の籠なども使用例を写した写真パネルとともに展示されています。容器ではひょうたんのような形のものや土瓶型のものなどがあり、材質も木製、竹製、土器製など多様です。乗り物では牛車や帆船の模型も見られます。

三階は、インドネシアの芸術と工芸のコーナーです。鳥かごとその中の鶏、そこへ追い込んでいる人物までを一本の木から彫り出した作品があります。信じられないほどのテクニックです。

インドネシアといえばバテックの生産がよく知られていますが、ここでも製品が展示されています。伝統的な文様で植物をデフォルメしたものです。黄色や茶色という色彩の妙も見る者に感動を与えます。表面に細かな彫金細工が施されたブレスレッドやイヤリング、ブローチ、ベルトなど多様な金製品が置かれています。中部ジャワ製と表示されています。

このほか、インドネシア各地方の民族衣装を着て装飾品を付けたマネキン人形が展示されています。また貨幣の展示も見ることができます。

✺スハルト大統領記念博物館
Museum Purna Bhakti Pertiwi

ＴＭＩＩの入口近くにある博物館です。

二台の乗用車が展示してあります。一台は一九七三年製アメリカのキャデラック、四〇〇〇ccの乗用車で、一九九六年まで使用されました。もう一台は一九六五年製アメリカの四〇〇〇ccの乗用車で、一九六九年から一九七三年まで使用されました。二台ともナンバーはＢを付けてお

スハルト大統領記念博物館

り、大統領の公用車です。

次に目に入るのが№６０７とペイントされている陸揚げされた哨戒艇です。またの名前をハリマオと側面に表示されています。船底の側面には、魚雷が斜めに置かれています。

次に場内移動に用いられる電気自動車の乗り場に移動します。ここからはこの専用車で展示施設の入口まで移動します。「Museum Purna Bhakti Pertiwi」と現地語で書かれた大きな三角錐の表示を横目に車は進みます。キノコのように円錐形が立ち並んだ奇妙な建物群が博物館です。

陸揚げされた哨戒艇（ハリマオ）

館内には、スハルト大統領が在任中に各国政府から送られた贈答品が並べられています。それぞれの国柄が反映しており、その国が何をもってその国らしさを代表する品物としているのかがよく理解できます。

日本のコーナーでは、大型の色絵磁器と日本人形、能面、五月人形のカブトが展示されています。中国は大型の染付及び色絵磁器、衝立、青磁大皿、鉢、三彩馬などがあります。各国から大統領に授与された勲章も壁面のケースに誇らしげに展示されています。外国からのものだけではなく、インドネシア国内からの贈り物も多く展示されています。

大型の色絵磁器

✴家宝博物館　Museum Pusaka

ＴＭＩＩの園内にあります。入口には剣の写真が掲げられています。ここはインドネシアの貴族たちが家宝としてきた剣（クリス）を中心とした伝世品を展示する施設で一九九三年に開館しました。クリスがユネスコの世界無形文化遺産に登録されたこともあり、見学者も増加しているようです。

入口を入ると早速クリスの展示が始まります。クリスの傍らには槍も置かれています。進むにつれてクリスの量も増加します。さらに鞘の部分や握り手の部分に象牙や金細工を施した豪華なものが見られるようになります。曲線やジグザグの刃を持つクリスも見られます。

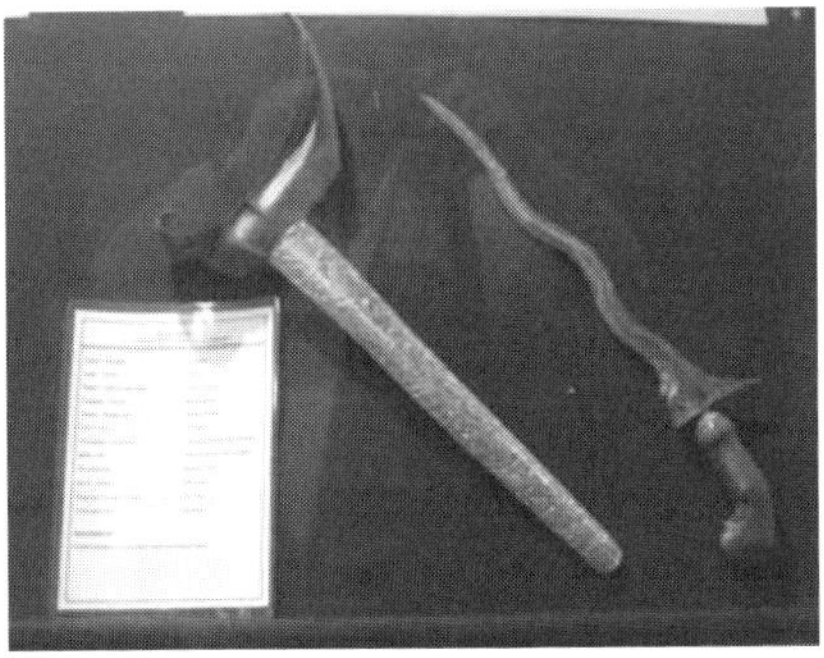

クリスの展示

刃の部分のみの展示があります。鉄さびが噴き出した大小のクリスが並べられています。これは考古学の世界でよく見られる出土刀剣のようです。槍は、先が銛《もり》のように複数の先端を持つものや山形のものなど珍しいものがあります。

モノを運ぶための小型の輿が床に置かれていました。小さな祠などを運ぶためのものでしょう。全体に朱色に塗られており、周囲に金色の家紋のようなものが貼付されています。モノトーンのものが多いこの博物館の中では目立っています。

家宝博物館

✳昆虫館　Museum Serangga

ＴＭＩＩには多くの人工池がありますが、外周に造られた大きな池の向かい側にイスラム寺院のモスクのような形をした建物があります。これが昆虫の博物館です。淡水魚水族館の隣にあります。建物の前には長さ五〇センチを超える金属製のカブトムシのモニュメントが置かれています。

カブトムシ、ゴキブリ、トンボなどの昆虫標本が展示されています。標本を集めて文字を表したり、幾何学文様を作ったり、展示が工夫されていて、楽しく見学できます。

標本の展示

ここで目立つのはやはり蝶や蛾の標本です。ブルー、イエロー、グリーン、ホワイト、レッド、ブラック、ブラウン等色彩豊かな標本がたくさん並べられています。また、この博物館の一角には蝶などを放した植物園があり、生きた蝶を観察することもできます。しかし動きが素早く、なかなかうまく写真に撮ることができませんでした。

昆虫館

✳軍人博物館　Museum Keprajuritan Indonesia

ＴＭＩＩの園内にあるメキシコの城塞のような外観を持つ建物が博物館です。中庭には各部族が四方に並んだような兵士の等身大の銅像があります。この兵士像には解説が付いています。最初の像から一三五〇年、一三五七年、一三七七年と続きます。上半身裸のものもあれば服を着た像もあり、武器も刀、銃などさまざまです。

館内の展示にも軍人の服装や装備に関するものが多く見られます。インドネシアが西欧に知られ始めたころの兵士の姿からイスラムの武装兵士へと続きます。夏用の制服は暑苦しそうですが、かといって上半身裸の兵士もどうしたものでしょうか？

当時の大砲の展示を見たあとは、オランダ軍との争いのジオラマがあります。オランダ軍の銃砲に刀や剣で向かっているのですから結末は明らかです。

建物の屋上に上ってみました。銃眼には鉄製の大砲がいくつか据えられていました。

軍人博物館

✳交通博物館　Museum Transportasi

ＴＭＩＩを周回する道路に沿って鉄道の線路があります。機関車などの引き込み線として使われたもののようです。ここを渡ると交通博物館のゲートがあります。

ヘリコプターやガルーダ航空のＤＣ９型ジェット旅客機の実物、クラシックな蒸気機関車、客車などが

交通博物館のゲート

小型の蒸気機関車

DC9型ジェット旅客機

野外展示されています。緑色に塗装された客車は一九一九年に製造されたもので、ジャカルタとジョグジャカルタの間を一九八一年まで走っていました。全長一八・六四メートル、幅二・五九メートルあります。この客車の先の線路上にはＤ52蒸気機関車があります。ほかにも小型の蒸気機関車と客車、各窓にカーテンを施した豪華な客車がホームに停車した状態で展示されています。

１０４-３７型蒸気機関車は一九一二年に製造され、一九一二年から一九九五年まで現役で活躍しました。一段低い円形に敷かれたレール上にはディーゼル機関車が、さらには蒸気機関車の進行方向を変えるための操車場の変換装置や引き込み線路が設けられ、蒸気機関車五両が置かれています。

このほか、軽飛行機、路線バスとして用いられていた二階建てバスや観光バス、木造船などを見ることができます。

✳コモド・ドラゴン博物館
Museum Fauna Indonesia Komodo

ＴＭＩＩの園内にあるコモド・ドラゴンをかたどったユニークな建物の施設です。ここにはコモド・ドラゴンが飼育されています。訪問時、ドラゴンは暑さを避けるためかヒューム管に上半身を隠した状態で休んでいました。館内のガラスケースには世界中の爬虫類が集められています。なぜかコブラなどの毒蛇が多く集められています。

✳科学技術博物館
Museum Pusat Peragaan Limu Pengetahuan dan Teknologi

地球儀を高々と円柱の上に掲げた国際協調タワーが設置されているＴＭＩＩ園内の広場にある博物館です。ここは昆虫館と並んで子供たちの人気が高いようです。

入口にはなぜか大型飛行機の車輪のみが置かれています。館内にはＢＭＷの自動車エンジンが展示され、構造が詳しく解説されています。

コモド・ドラゴン博物館

科学技術博物館

＊電気熱エネルギー博物館
Museum Listrik dan Energi Baru

ＴＭＩＩの園内にあります。入口ロビーに電気自動車が置かれ、中庭では小さな水車に水を流して発電された電気で豆電球をともしています。ここでは水力発電と送電の仕組みを解説しています。実際に使用されている水力発電装置が置かれています。展示室内には発電所から家庭までの送電の仕組みがジオラマで示されています。

＊石油天然ガス博物館
Museum Minyak dan Gas Bumi

ＴＭＩＩの園内にある石油、天然ガスに関する博物館です。石油の備蓄タンクが立ち並ぶ港湾の様子がジオラマで示されています。円形の建物の周囲の壁画にはシャングルで石油や天然ガスの鉱脈を探す様子や測量の様子がパノラマで描かれています。石油やガソリンの保管用のおなじみの金属製の長方形の缶や石油を入れるジョウロなどが並べられています。ランプの生活の様子のジオラマもあります。

電気熱エネルギー博物館

石油天然ガス博物館

✳切手博物館　Museum Pranko Indonesia

ＴＭＩＩの園内にあるインドネシアの郵便の歴史を展示した博物館です。一九八三年九月二九日に開館しました。ロビーには郵便配達に使用された自転車が置かれ、その奥に郵便局の受付カウンターがセットされています。

郵便の歴史のジオラマは伝書鳩を使った郵便から始まります。大日本帝国郵便の切手が展示紹介されています。一〇銭切手と四〇銭切手です。四〇銭切手はボロブドゥール遺跡と布織物をデザインしたもので、カタカナでジャワと書かれています。

一九五五年のアジア・アフリカ会議の記念切手（三五ルピア）のデザインは参加国の人々が平和の象徴である鳩を放している姿です。

切手博物館

✳コーラン博物館　Bayt Al Quran dan Museum Istiqlal

ＴＭＩＩの園内にある、イスラム教の聖典コーランを集めて展示する博物館です。コーラン博物館というだけあってさまざまなコーランが集められています。入口を入るとすぐに世界最大のコーランが置かれています。一九九三年に作成されたもので、一五〇センチ×二〇〇センチ、重量は一六五キロもあります。こんな大きなコーランをどのようにして使うのでしょうか？

世界最小のコーランもあります。四センチ×四センチ×一・五センチで、文字は拡大鏡がないと読めません。このコーランはハート形の容器に収められています。

コーラン博物館

世界最大のコーラン

世界最小のコーラン

歴史的に古いコーランも集められています。紙がぼろぼろになってしまったものや木版の文字も薄くなってしまったものなどさまざまですが、ここでは古文書として扱われているようです。多色刷りのコーランもあります。本文まで色彩を施しているわけではありませんが、表紙や内表紙の豪華な装丁は見事です。コーランを収納している箱にもこだわりがあるようです。展示されている三点には螺鈿《らでん》や彫金細工が施されていました。

タマン・ミニ・インドネシア・インダー（TMII）の園内には、インドネシア民族の代表的建築様式を紹介する建物が移築復元されています。レストランや喫茶店、土産物店などに利用されているところも多いのですが、パプア・ニューギニア館、西カリマンタン館はじっくりと見学できる施設です。このほか園内には**スポーツ博物館**、**淡水魚水族館**、**バードパーク**、**国際協調タワー**、**イスティクラル・モスク博物館**などの施設があります。

✳碑文博物館　Museum Taman Prasasti

国立博物館から北西方向にしばらく歩くと、オランダ植民地時代に開設された外国人墓地があります。正面前方左右に大砲が置かれ、「MUSEUM」「TAM」「PRASA」と書かれた石柱があることから、ここが単なる墓地ではなく、博物館であることがわかります。入口の門を兼ねた建物は立派で、いくつかの墓碑と馬車が並べられています。馬車は葬儀用の霊柩馬車で、葬送儀礼に使われていたのでしょう。

墓地の入口から左手すぐに日本人の墓がありました。「廣安梯隊戦没三十勇士之碑」と刻まれており、その下に三〇名の日本人の名前が刻まれていました。故国から遠く離れたこの地で戦争の犠牲になられ

葬儀用の霊柩馬車

た方の冥福を祈りました。

✳テキスタイル博物館 Museum Tekstil

ジャカルタ市街地にある織物に特化した博物館です。平屋建てのオリエンタル風の建物で、その上部に「MUSEUM TEKSTIL」という表示があります。

展示室

中に入ると、中央に細い帯状の布織物が置かれています。織物は朱色と金色の糸が織り込まれたもので華やかです。左右の壁面に織物が縦長のパネルに貼られて展示されています。それらはロンボク島で製作されたもので、文様には椰子の木を中央に対峙する人物が表現され、その人物の色も、黄と青、赤と黄、赤と青、青と黄というように二人ずつ一組で色彩が異なる組み合わせで構成されています。また服装も組み合わせが異なります。さらに両者の前後に傘のようなデフォルメされた図が織り込まれています。この織物は周囲にも幾何学文様がカラフルに織り上げられており、幅一メートル余、長さ四メートル前後の敷物と見られます。このほか、縦縞のもの、亀甲文様のもの、横縞のものなど多様なものが多く見られます。

テキスタイル博物館

さまざまな種類のバテック

✳バテック・ギャラリー　Galeri Batik

テキスタイル博物館の敷地内にあるバテックに特化した博物館です。バテックは二〇〇九年、ユネスコの世界文化遺産に登録され世界的にも注目される織物です。このギャラリーでは、スマトラ、ジャワなどバテックの産地別、手書き製作か印判で捺して作られたかという製作手法による分類などによって展示されています。さらに、ベッドカバー、枕カバー、クッションカバーなど加工されたものが展示されています。またミュージアムグッズとして、バッグやトートバックなどが販売されていました。

展示品の多くは加工されたり裁断されたりしていない素地の状態のものが集められています。色彩も豊富で、クラシックな文様から斬新なデザインのものまでさまざまです。

別棟では、バテック作りの体験コーナーがありました。訪問時にも何人かが作品づくりに取り組んでいました。

バテック・ギャラリー

✳ナショナル・アート・ギャラリー　National Art Gallery

独立記念塔の東にあります。国立博物館が立派なので美術館も……と期待して向かいましたが、予想外に小規模な施設で少々拍子抜けでした。展示の切り替え期間に訪問してしまいました。撤収と次の展示の準備という職員にとっては多忙な時期でしたが、まだ展示が行われているところもあると案内してくれました。

現代芸術の作品が展示されていましたが、題名表記がインドネシア語だけだったので意味がわかりませんでした。

✳インドネシア銀行博物館　Museum Bank Indonesia

ワヤン博物館の南にある、インドネシアの中央銀行の博物館です。かつての本店の建物を利用して内部を博物館として公開しています。白亜の二階建ての堅牢なコンクリート造りで、いかにも銀行らしい建物です。

インドネシア銀行は貨幣の発行を行う銀行であり、経済政策についても重要な役割を果たす銀行の中の銀行と呼ばれる機関です。

受付を入ると、かつての銀行窓口が一列に八個以上並んでいます。利用者は金網越しに行員と話します。またオランダ植民地時代の銀行窓口も復元されています。長いマントを着た紳士が木の格子が入った

インドネシア銀行博物館

金　塊

受付のジオラマ

窓口で手続きをしている様子が等身大のジオラマで示されています。上顧客には金庫の前で対応するようで、机の傍らには札束が置かれ、正装した紳士のもとに中国人のメイドが札束を運んでくる様子がジオラマで示されています。

二階にもいくつかの部屋がありますが、ここは銀行役員などの会議室のようです。そのうちの一つに、長い机と一〇席の革張りの椅子が用意された部屋があります。壁面にはこの銀行の関係者（おそらく頭取）の写真が並べて飾られています。この会議室は、重要な会議に使用されたものでしょう。

次の部屋はやや広いもので、壁は緑色で統一されています。この部屋の一方に左右に八席ずつ布張りの椅子が用意されており、机の上にはテーブルクロスが掛けられています。同じ会議室でも、椅子に使われているのが革か布という違いがあります。

二階から中央部側に廊下が設けられており、建物が見通せますが、室内は見えません。さらに建物の中央には広い中庭があります。中庭には植栽などは見られませんが、タイルで描かれたモザイク画があります。

✳マンディリ銀行博物館　Museum Bank Mandiri

インドネシア銀行の建物の隣りにマンディリ銀行の旧本店の建物があります。ここも博物館として内部が公開されています。

入口のシャッターは鉄格子で、セキュリティは厳重だったようです。しゃべるガードマン人形が両側に立っています。そこから奥に進むと長くカウンターが続いています。カウンターの内側は行員の仕事場です。タイプライターや計算機、電話機、ファックス、印刷機などが雑然と置かれています。

金庫室

奥の部屋の前にもガードマン人形が銃を持って立っています。その部屋には重役の肖像写真が壁に並んでいます。この会議室と同じような部屋がさらに続いています。

階段を下りて地下室（一階）に向かいます。階段室の壁面にはステンドグラスがはめ込まれ、そこに太陽の光を受けて文様が浮かび出ています。ステンドグラスは四列、三段にわたって施されていますが文様の意味はよく理解できませんでした。ここにもタイプライターや重量秤、断裁機械、事務文書、計算機、コイン計量機、紙幣計数器、コンピュータ用の紙テープの残骸やソフトの収納家具なども置かれていま す。このフロアの奥に鉄格子によって区切られた部屋があり、中で

マンディリ銀行博物館

二人の人物が何か作業を行っている様子がジオラマになっています。

板張りの廊下が続き、壁面にはポスターが貼られています。この奥に分厚い扉の金庫室があります。銀行の中枢ともいえる場所で、貨幣や重要書類が保管されています。担当者の働く様子がジオラマで表現されています。ここにも何人ものガードマンの姿があり、どこでも厳重な監視が行われていたことがわかります。出口には銀行の刻印機の写真がデザインされた博物館のポスターが貼られていました。

✳国立公文書博物館　Gedung Arsip Nasional

ジャカルタ市街にある瀟洒な建物です。東インド会社の総督の邸宅として一八世紀に建てられました。一九四五年にインドネシア政府の所有となってからしばらく公文書館として使われていたそうです。一九九二年に修復工事が行われ、国家遺産として管理されることになり、現在は博物館として内部が公開されています。

周囲には厳重な鉄柵がめぐらされており、正面の門から入ると広い前庭のよく手入れされた植栽が見られます。建物内にはいくつも部屋がありますが、かつての総督の暮らしぶりを示すような遺品はとくになく、わずかに事務机や本棚などが並べられているのみです。中庭には小型の鉄製の大砲が二門置かれています。

奥の建物の二階の部屋では、この建物がたどってきた歴史を写真パネルで示しています。さらにガラス瓶や染付などの陶磁器の破片がケース内に

国立公文書博物館

展示されています。この建物周辺の地下から出土した遺物のようです。

なお、インドネシア国立公文書館（Arsip Nasional Republik Indonesia）は南ジャカルタにあります。

✳軍事博物館　Museum Satria Mandala

ジャカルタのガトッツト・スプトロ通りに面している広大な土地に、スカルノ大統領とデビ夫人が一九六〇年代に暮らした旧邸が残されています。スカルノ大統領が失脚後、国家に接収され、一九七二年に博物館として公開されました。現在は国軍の博物館として利用されています。

広い前庭にはインドネシア海軍の６０２号哨戒艇、高射砲や迫撃砲が展示されています。

軍事博物館

一九四五年のインドネシア独立宣言以来各地で勃発したオランダとの独立戦争のジオラマが展示されています。その後、インドネシアでは各地で共産党勢力（ＰＫＩ）やイスラム過激派との抗争が激化していきます。過激派はハイジャックや寺院の爆破事件を起こします。それを鎮圧したのはスハルト大統領の活躍でした。

この博物館では、さまざまな事件のジオラマ模型や、軍事関係の資料が多数展示されています。軍隊の装備の展示では各種銃砲や制服、徽章、勲章などが並べられています。

建物の外には、戦闘機九機、ヘリコプター、インドネシア国産第一号機などの実物が並べられています。一九三三年日本航空機製造の複葉機もあります。濃い緑色の軍用機用塗装が施され、インドネシア国旗が描かれています。この飛行機は二人乗りで、時速一五七キロ、巡航距離は七〇八キロ、翼の幅は上翼八メートル、下翼一一メートルです。

同じフロアに置かれている日本の戦闘機は一九三八年の中島製で、一九四五年から一九四八年まで使用され、一九七五年からこの博物館で展示されるようになりました。またアメリカで製造された戦闘機もあります。Ｐ51ムスタングと呼ばれる一人乗りの単発のプロペラ機は一九五〇年から一九六〇年の間使用されました。この博物館へは一九七六年に収蔵されています。このほか双発の大型輸送機、ヘリコプターなどが展示されています。

航空機に続いて二台の自動車が展示されています。一台はシボレーのワゴン車で白く塗装されており、一九五七年から一九六二年まで使用されていたものです。もう一台は黒く塗装された乗用車で、一九六二年アメリカダッジ社製のものです。またレール上に置かれた装甲車は一九五五年から一九六二年まで使用されていたものです。このほか、機関銃などの銃器や小型の戦車などの軍事車両や兵器なども展示されています。

機関銃の展示

602号哨戒艇

B25陸上爆撃機

✳インドネシア・シーワールド　Sea World

ジャカルタの北部海岸地帯に造られた遊園地、リゾート・ホテルなどが集中するところにある水族館です。入口を入るとグランドフロアです。ここにはどこの水族館にもある飼育水槽があり魚を鑑賞するようになっています。赤いアロワナの水槽では水の色と赤のコントラストが印象的です。足の長い大型のカニやエイの剥製標本、シーラカンスなどの深海魚の標本が展示されています。飼育水槽の中につくった半円形の窓から顔を出して水中を眺めることもできます。カワウソのコーナーでは、水辺の生活をしているカワウソの生態を見られるように窓がつくられていますが、肝心のカワウソがなかなかその窓に近づいてくれないようです。

また飼育水槽の中に滝が流れ落ちています。これは細かな白砂を上から落として滝を表現したもので、かなりリアルです。ここに小さな熱帯魚が自由に泳ぎ回っており、面白い構図となっています。

近年、水族館では水中トンネルが定番です。ここでは床の半分がベルトコンベアとなっており、乗っているだけでトンネルの最後まで移動できます。楽なのですが、味気ないようにも思います。

インドネシア・シーワールド

ボゴール　Kota Bogor

　ジャカルタから南四〇キロ、約一時間でボゴールに到着します。植民地時代にはオランダ総督府が置かれていました。町の中央に広大な植物園があり、その中に大統領宮殿や博物館などがあります。またジャカルタの富裕層の別荘地としても知られています。二〇〇四年にはクリントン米大統領や村山首相らが出席してＡＰＥＣ（アジア太平洋経済協力会議）第六回首脳会議がここで開催されました。

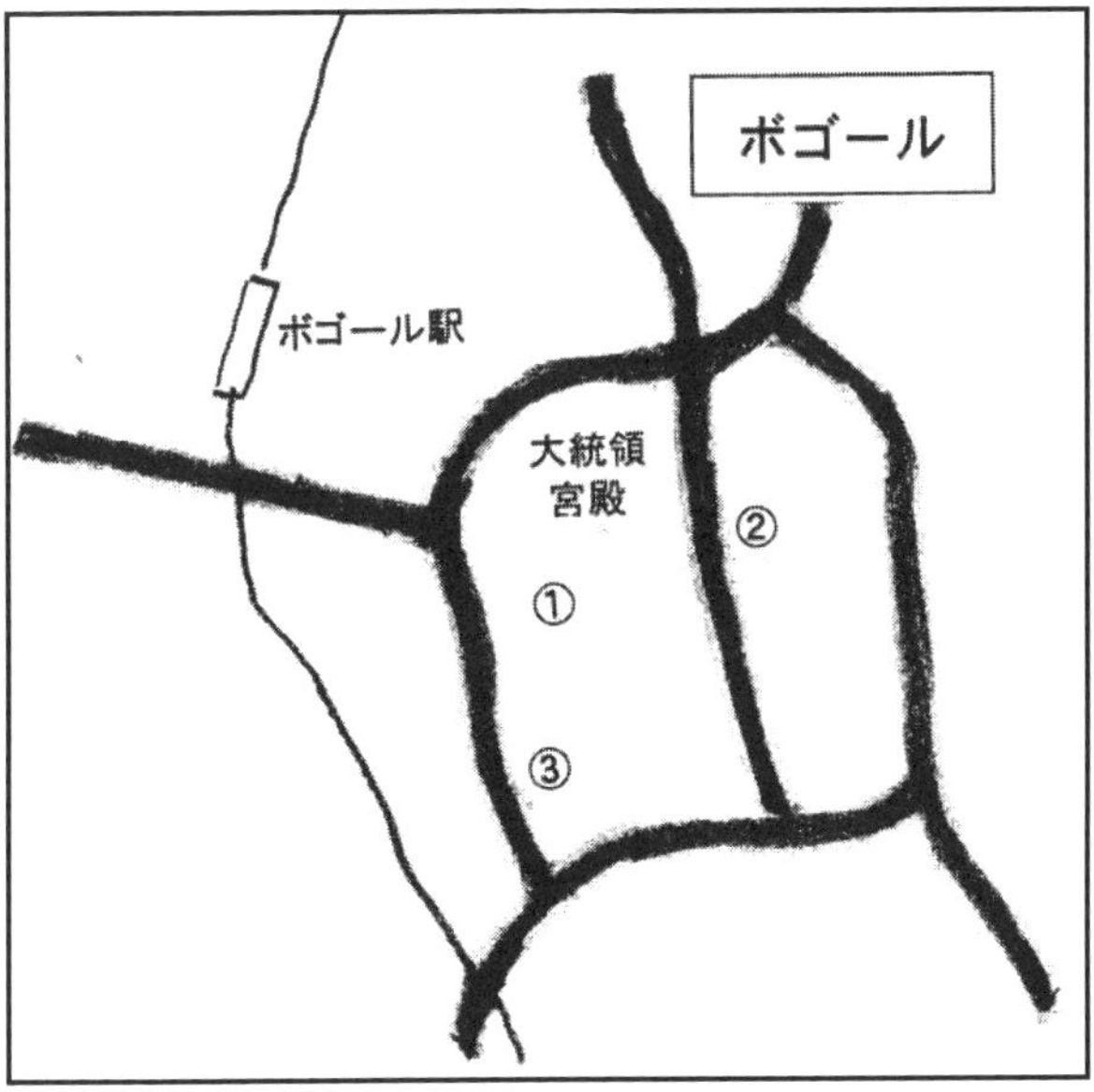

↑ ①ボゴール植物園　②オーキッドハウス
③動物学博物館

✺ボゴール植物園　Kuben Raya Bogor

かつてこの植物園は、オランダ総督府の庭園でした。一八一二年から一八一六年の間ジャワ島の支配が一時イギリスに移った頃にラッフルズ総督がこの地に居住します。この時期に庭園を改造してイギリス式庭園とし、夫人のオリビア・マリアンヌはイギリスから草木をわざわざ取り寄せて庭園を整備しました。夫人は今もこの地に眠っています。やがて一八一七年にオランダの所管に移り、四四歳のラインヴァルトが着任します。

この年の五月一八日植物園として開園し、ラインヴァルトが初代園長に就任します。彼は植物学、化学を専攻するアムステルダム在住のドイツ人で、在任中の一八二二年までに約九〇〇種を四七ヘクタールの敷地に栽植、整備しました。その後も歴代の園長や関係者の努力があって発展してきました。一八九二年には面積を六〇ヘクタールに拡張しました。

ボゴール植物園のサボテン

一九四二年日本がジャワ島を占領して以降、一九四三年から一九四五年までの間、中井猛之進が園長に就任しています。以後、一九四五年からは再びオランダの管理下になります。一九四七年インドネシア独立とともにインドネシアの管轄となり現在に至っています。現在この植物園には大統領宮殿、動物学博物館などの施設があります。

園内には椰子をはじめとして様々な植物樹木が大量に植えられています。椰子の集中する所には、椰子が有用植物であることを示す説明板が立てられています。それによると、椰子は建築材やクラフト細工の材料として使われること、砂糖づくりの原料や酒づくりの材料にも用いられるとのことです。

フトモモと呼ばれる樹木についての解説があります。この種の樹木は双子葉植物に分類されるものでユーカリなど八〇属三〇〇〇種あるそうです。分布の中心はオーストラリアとマレーシアおよび熱帯アメリカです。常緑の低木あるいは高木、大きいものは高さ一〇〇メートルに達するものもあるとされています。そして花の咲いた様子をカラー写真で示しています。

砂漠地帯の植物とくにサボテンなどの多肉植物を集中して植栽しているところがあります。メキシカンガーデンと名付けられていますが、ここでは植物の根の周りに白い砂を敷いています。また一見サボテンのように見える植物が実はトウダイグサ科の植物であり、サボテンとは異なる種の植物であることを初めて知りました。とくにアフリカのトウダイグサ科のものは中南米のサボテン科と系統的に全然異なる種群が乾燥に対して適した形態に発展したものであるといいます。ここには両者ともに多くの種が植栽されています。

この植物園では他の地域とは異なる気候に属する植物を多く観察できるのですが、残念なことにうちわサボテンの葉の表面に落書きが多く見られます。葉の部分を鋭利な刃物で刻んだもので、植物を弱める原因になり、残念です。

✳オーキッドハウス　Orchid house

ボゴール植物園の出口付近に小さな温室の蘭の栽培・育成施設があり立ち寄ってみました。ここにはインドネシア各地から集められた野生の蘭が

オーキッドハウス

五〇〇種以上あり、蘭の特徴や栽培・育成について紹介しています。蘭の苗や、蘭の花をデザインしたシャツ、ワッペンなどのほか蘭に関する専門書の販売も行っています。

✳動物学博物館 Museum Zoologi Bogor

ボゴール植物園内にある動物学の博物館です。一八九四年の設立ですが、かつてはボゴール植物園内で植物の害虫を研究する小さな研究室でした。

博物館は植物園の正面玄関の左側に位置しています。ここには昆虫、爬虫類、哺乳類などの標本数百種がコレクションされています。面積は一五〇〇平方メートル、約八〇のガラスケースに二〇〇〇点に及ぶ資料が展示されています。

動物学博物館

入ってすぐ中央には哺乳類の骨格標本が四頭（匹）展示され、壁面のガラスケース内にはインドネシアに生息する様々な鳥の生態標本がジオラマとして展示されています。同じフロアには、中央にはサイ、周囲にはマレークマや鹿、ヤマネコなどの標本が、生息する環境のジオラマとともに展示されています。このほか多種類の猿の剥製も展示されています。鳥類の展示は、上層の森林の様子を再現したジオラマの中に鳥が置かれていて、生態がよく理解できます。また哺乳類や鳥類については、進化の過程を図示して解説しています。

爬虫類のコーナーでは、とぐろを巻いて獲物を狙っている蛇の剥製標本はまるで生きているかのように

標本コレクション

見事です。魚類は一つのボードに多種類の魚の標本が埋め込まれたものが展示されています。別のケースには長い脚のカニなどの標本も置かれています。

隣接する建物と建物の間には全長一〇メートルを超えるクジラの骨格標本が置かれています。

次の建物は昆虫などの標本が多数置かれる展示室です。ここではケース内に設置されたジオラマの木の葉に一〇センチを超えるカタツムリが止まっています。蝶の飛ぶ状況もジオラマで観察することができます。昆虫の標本では標本箱に入れられた蝶や蛾の展示が行われています。標本箱は菱形に置かれたり、文字状に置かれたり、配置に工夫が見られます。

バンドゥン　Kota Bandung

ジャカルタから高速道路で約三時間のバンドゥンはインドネシアでは四番目に人口が多い都市です。

一九五五年にここでアジア・アフリカ会議が開催されたことで世界にその名を知られるようになりました。西ジャワ州の州都ですが、インドネシア国鉄の本社やインドネシア郵便局の本局などの拠点施設がここにあります。

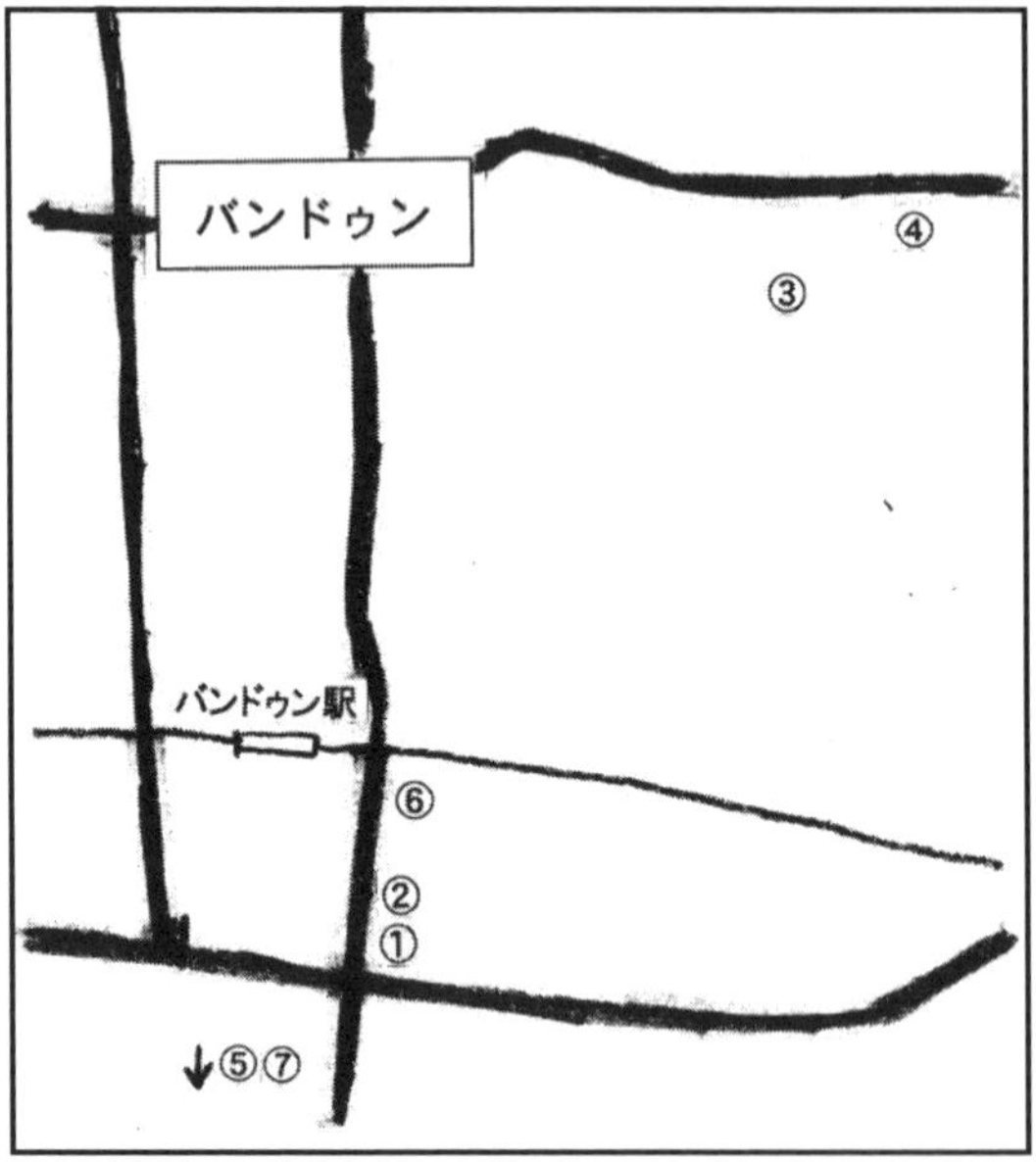

↑ ①アジア・アフリカ会議博物館
②アジア・アフリカ会議会議場
③インドネシア郵便博物館
④バンドゥン地質学博物館　⑤西ジャワ博物館
⑥軍事博物館　⑦西ジャワ庁舎

✳アジア・アフリカ会議博物館
Museum Konferensi Asia Afrika

この博物館は、一九八〇年四月二四日、アジア・アフリカ会議二五周年を記念してスハルト・インドネシア大統領によって建設されました。二〇〇五年、アジア・アフリカサミットを機に改修が行われ、現在に至っています。

入口を入ってすぐの展示室では、一九五五年四月一八日から二四日にかけて開催された会議の様子を再現したジオラマがまず私たちを迎えてくれます。しかしこのジオラマは議長団の席と演説するインドネシア大統領の姿のみです。各国代表団の姿や会議の全体像は会議場を訪ねて頂けば感じ取ることができます。次に、会議に至るアジア・アフリカの状況やこの会議が開催される背景となったトウーグ会議、コロンボ会議、ボゴール会議が諸国に与えた影響などを記録写真等で紹介展示しています。

博物館には図書館、視聴覚室があり、多くの書籍や記録類が保管され公開されています。

アジア・アフリカ会議のジオラマ

✳アジア・アフリカ会議会議場
Konferensi Asia African

一九五五年のアジア・アフリカ会議が行われた場所そのものが公開されています。この会議が行われた建物はグドゥンムルデカと呼ばれる歴史的建造物です。一八九五年にソシエット・コンコディアという名称を持つヨーロッパ人の社交場として設立されました。一九二一年チャールズ・プロスペール・ウルフ・シューメーカーによってアールデコ様式を強調した建物として建設され、一九四〇年には建築家アルバート・フリードリヒ・アベルスによって改造工事が行われました。これらにより、魅力が増したこともあってか、ソシエット・コンコディアには、より多くの人々が訪れました。日本占領時代には大東亜会館と名前が変えられ、文化センターとして使用されました。一九五五年のアジア・アフリカ会議の開催に向けて建物は改修され、スカルノ大統領によってグドゥンムルデカと名付けられました。

アジア・アフリカ会議の会議場

現代の国際会議場を見慣れていると、この会議場はとても狭いように思えますが、六〇年前の国際会議の規模はこんなものだったのでしょう。

議長団の座席もとくに豪華なものではありません。ごく普通の映画館か体育館のような雰囲気です。

議長団の机に向かって右手に「ASIAN AFRICAN PEACE GONG」、上段に「GOLD JUBILEE OF THE 1955 ASIAN AFRICAN CONFERENCE」と表記された大きな銅鑼が飾られ、議長団席の後ろには国旗が飾られています。この会議の参加国は二九か国でしたが、ここには全世界の国旗が飾られています。

この会議で採択された平和十原則（バンドゥン十原則）とは、「一、基本的人権と国連憲章の趣旨と原則を尊重する。二、全ての国の主権と領土保全を尊重する。三、全ての人類の平等と大小全ての国の平等を承認する。四、他国の内政に干渉しない。五、国連憲章による単独または集団的な自国防衛を尊重する。六、集団的防衛を大国の特定の利益のために利用しない。いかなる国も他国に圧力を加えない。七、侵略または侵略の脅威・武力行使によって、他国の領土保全や政治的独立を侵さない。八、国際紛争は国連憲章に従い、交渉、和解、調停といった、関係国が選択する平和的手段で解決する。九、相互利益と協力を推進する。十、正義と国際義務を尊重する」というものです。この原則は現在にも通じる重要な平和原則です。

✺インドネシア郵便博物館　Museum POS Indonesia

インドネシア郵便会社の本社は、なぜか首都ジャカルタではなくバンドゥンにあります。本社の隣りに郵便博物館があります。この博物館は一九八二年九月二七日に開館しました。

展示室には、制服姿の郵便局員のマネキン人形、赤く塗られた郵便用バイクが並べられ、郵便局員と住民の交流の場面が大きなカラー写真で展示されています。

郵便運搬、配達用に前に荷物が置けるようになっている自転車がたくさん並んでいます。切手のコーナーには色あざやかな記念切手や切手のストックブックなどが展示されています。ここでは、発行年代ごとに切手が整理され木製の引き出しを開いてみるようになっていま

インドネシア郵便博物館

色も形もさまざまな郵便ポスト

郵便配達用の自転車

す。シンガポールなどでも同じようなものを見ました。日本では郵便ポストは赤く塗装されたものが一般的ですが、インドネシアでは黄色のポストもありますし、形も選挙の投票箱のようなものや丸い円筒形のものなどさまざまです。郵便物の重さを量る道具や消印を押す機械も展示されています。

✺バンドゥン地質学博物館 Museum Geologi Bandung

西ジャワ州庁舎の地下にある博物館です。一九二八年にオープンしたこの施設はインドネシアの地質学研究の拠点となっています。細長い建物は二階建てで、二つの展示フロアから構成されています。東南アジア最大の地質標本数を誇る六万点の化石をはじめ岩石、鉱物など二五万点のコレクションを擁しています。前庭では桂花木や鍾乳石の野外展示を行っています。

バンドゥン地質学博物館

バンドゥンには、西ジャワ地域の民族・文化に関する**西ジャワ博物館**やこの地域に展開している部隊を中心とする**軍事博物館**、一九〇二年に建設されたアールヌーボー様式の代表的な建築物である**西ジャワ州庁舎**などがあります。なお州庁舎は、屋上の避雷針と屋根の景色がインドネシアの代表的な料理であるサティ（串焼き）に似ていることからグドゥンサティ（サティビル、串焼きビル）とも呼ばれています。

ジョグジャカルタ Yogyakarta

ジョグジャカルタは中部ジャワにある古都です。世界遺産に登録されたボロブドゥール寺院やプランバナン寺院へはこの都市を基地としていくのが一般的なコースです。またかつて都であったことから、バティック、織物産業や銀細工などの産業も発展しており、中世にはオランダによる東インド会社の本社が置かれた地としても有名です。ジョグジャカルタは、インドネシアの著名な国立大学や私立大学、多くの専門学校などがある文化学園都市としても知られ、町には若い学生の姿が目立ちます。

←

① クラトン（王宮）
② 王宮博物館
③ ハメンク・ブオノ九世博物館
④ 王宮馬車博物館
⑤ タマン・サリ（水の王宮）
⑥ フレデブルク要塞博物館
⑦ ソノブドヨ博物館
⑧ ミュージアム・セニ・ダン・ブダヤ・ジャワ
⑨ アファンディ美術館
⑩ バテック博物館
⑪ ワヤン人形博物館
⑫ メラピ火山博物館
⑬ 空軍博物館
⑭ 軍事博物館
⑮ スディルマン大将記念博物館
⑯ スハルト記念館
⑰ ゲムビラ・ロカ動物園
⑱ ガジャマダ大学動物学博物館
⑲ タマンシスワ教育博物館
⑳ ジョグジャカルタ返還記念館
㉑ ジョグジャカルタ戦争博物館

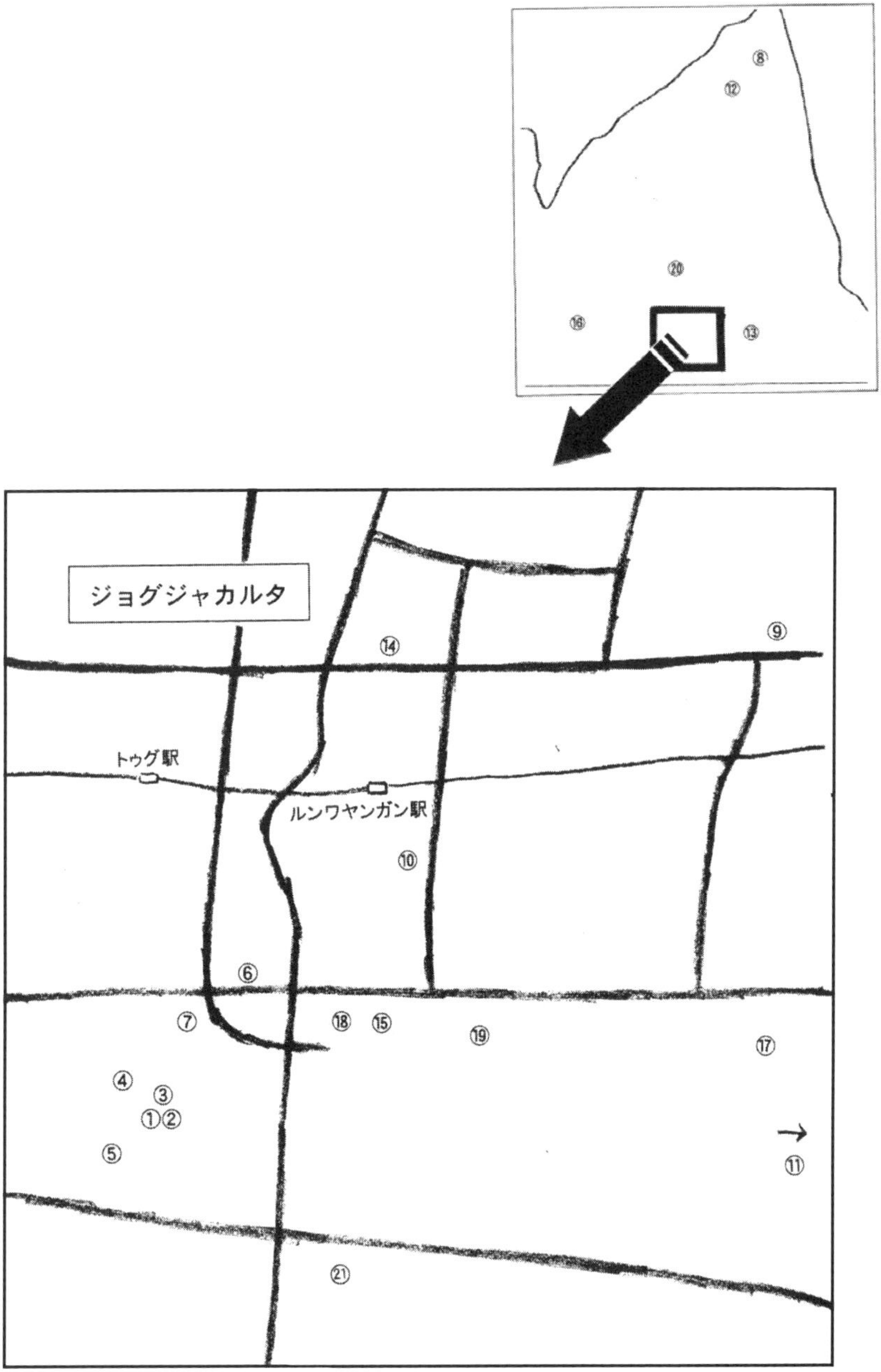
⑧
⑫
⑳
⑯
⑬
ジョグジャカルタ
⑭
⑨
トゥグ駅
ルンワヤンガン駅
⑩
⑥
⑦
⑱ ⑮
⑲
⑰
④
③
①②
⑤
→
⑪
㉑

✳クラトン（王宮）　Kraton

ジョグジャカルタ地域を統治していた王の宮殿で、市街地の中央部に位置しています。

クラトン（王宮）はジョグジャカルタ王朝の初代スルタンのハメンク・ブオノ一世の居城として、王朝が誕生した翌年の一七五六年に造られました。王宮は高さ四メートルほどの城壁で囲まれています。城壁内には、チーク材を用いて細かな装飾を施したジャワの伝統的様式の建物があります。

王宮の入口両側には太い棒を持った守護神ラクササ（クペラ）の立像、門の上部には大きな舌を出した魔除けのカーラが見られます。伝統衣装を着て腰の後ろに短剣のクリスをさした老人たちの姿が目につきます。彼らは王宮の守衛と保護管理にあたる兵士ですが、全くの無給だそうです。

王宮内の建物の多くは屋根と周囲の柱のみで、壁のないオープンスペースとなっています。ここには現在のスルタン（王）、ハメンク・ブオノ一〇世が住んでいるため、居住区域は立入禁止になっています。

楽器の展示

見事な天井装飾

クラトン（王宮）

✳王宮博物館　Museum Kraton

クラトン（王宮）内にある建物の一部が博物館になっています。歴代のスルタンが使用した家具、調度品、王への贈り物、代々伝えられた宝物、クリスと呼ばれる短刀、儀礼用の衣装、趣味の写真機材などが展示されています。ちなみに、クリスはバテックとともにインドネシアの伝統文化としてユネスコの世界遺産に登録されています。

✳ハメンク・ブオノ九世博物館
Museum Hamenku Buwono IX

王宮内にある博物館の一つです。ここには現在のスルタンの父であるハメンク・ブオノ九世の功績をたたえる写真や九世に関連する様々な品物が展示されています。入口壁面には王の肖像写真が飾られています。九世はオランダの植民地政府の力に屈することなく、インドネシア独立に貢献した優れた指導者として知られています。旧一万ルピー紙幣には王の肖像が印刷されています。

ハメンク・ブオノ九世博物館

王宮博物館の展示

✳王宮馬車博物館 Museum Kareta Kraton

王宮西側のロトウィジャヤン通りにこの博物館があります。黒いタイルの床に歴代のスルタンが使用した大小さまざまな馬車が展示されています。

代表的なものには、六世から一〇世の即位儀式に使用されたキャイ・ガルーダ・イエクサと呼ばれる馬車、王が支配地域の村々を回るために使用したキャイ・ジャダラと呼ばれる馬車、一世から三世までの王がグルベッグ祭りへの参加や賓客の送迎などのハレの行事に用いた馬車キャイ・ジャマリットなどがあります。

馬車の展示

いずれも御者が乗る部分の後ろに王用の席が用意され、後方に守衛用の足かけがありますが、屋根や日よけは付いていません。突然の雨の場合は濡れてしまうでしょう。

多人数が乗れる馬車も見られます。どの馬車にも御者の側面に照明ランプがあるのですが、前方を照らすに十分な明るさはないようですが……。

歴史的にも由緒があり、装飾的にも素晴らしい馬車のコレクションといえます。

王宮馬車博物館

✳タマン・サリ（水の王宮）　Taman Sari

王宮（クラトン）の西方三〇〇メートルのところに造られた離宮です。水の王宮とも呼ばれますが、タマン・サリとはインドネシア語で「花の王宮」という意味があります。ここは王宮が造られた一七五六年から一〇年後の一七六五年、初代スルタンのハメンクブオノ一世によって建てられたものです。王宮に仕える女性が水浴びする様子を塔の三階から眺めたスルタンは、気に入った女性がいると花束を投げ、その選ばれた女性と一夜を共にしたと伝えられています。

入口を入るとすぐ見張り台のような塔があり、そこから園内を眺めることができるのですが、木々が伸びているため、全体が見渡せないのは残念でした。さらに進むと石畳みの道の奥にプールのような水浴場があります。水浴場は水のブルーが映えるようにと白い石材で造られています。水浴場の周囲には鉢植えが並べられています。

タマン・サリ

プールのような水浴場

✳フレデブルク要塞博物館　Museum Benteng Vredeburg

かつてオランダが支配していた時代の一七六五年に建設された要塞が、独立後の一九九八年一〇月に博物館になりました。正面にはオランダと敵対していたジョグジャカルタ王朝の王宮に向けて据えられた大砲が置かれています。周囲を高い塀で囲まれた堅牢な要塞の内部には兵舎のような建物があり、建物の間には丁寧に刈り込まれた植栽のある庭があります

展示は、インドネシアの抵抗運動、独立運動の歴史をジオラマ模型でわかりやすく説明しています。軍人の胸像、事務机、質素な応接セットが置かれ、机の後ろの壁面には作戦の戦況図が張られています。緑色の軍服を着たマネキン人形、軍用ヘルメット、機関銃やライフル、歩兵銃などの装備品が整然と展示されています。建物の奥にはカーキ色に塗装された乗用車が一台置かれ、士官の部屋には部隊旗や勲章が展示されています。このほかにもジオラマの展示や、スカルノが読み上げた独立宣言も銅板に刻まれて展示されています。

フレデブルグ要塞博物館

✳ソノブドヨ博物館　Museum Sonobudoyo

ジョグジャカルタ市街地の王宮に面して建つ博物館です。ジャワ島およびバリ島から集められた民族資料や文化財などを展示するために一九三一年、当時の国王から土地を提供され建設されました。やがて一

九七四年に国立博物館となりました。

建物の廂の下には石造仏をはじめとする多くの石造彫刻があり、順に見ていくのも面白いと思います。内部に入ると、インドネシア独特の音楽であるガムランの演奏に用いられる打楽器などが展示されています。入口近くの展示ケースにはインドネシアの産業の一つであるバテックの布地が並べられています。

ガラスケースの中に小さな石像を見つけました。かわいい童像、子供を背負った母子像などほほえましさを感じさせるものです。青銅器の展示では小型の銅鼓や鼓のような形の楽器、銅鑼も見られます。打楽器の一種と見られ、表面には文様が刻まれています。

仏像、仏具では、金箔が施されていたとみられる仏頭や小型の半跏像などがあります。仏具はいずれも青銅製で、五鈷杵をベースに上部に法輪を付けたような形のものや五鈷鈴、三鈷鈴などがあります。これ

ソノブドヨ博物館

展示室

打楽器の展示

らはヒンズー教で用いられるものと見られますが、仏教の密教でも似た形の仏具があり興味深いものです。また青銅製の小さな天秤は香料などの貴重品の重量をはかった秤だと思われます。

陶磁器では赤絵の皿が置かれています。蓋が失われた染付磁器、注ぎ口のついた土瓶状の容器もあります。酒か茶湯を注いだのでしょう。細かな彫刻ではバテックの文様を印刷する金属製の判型があります。影絵で用いられる人形の型紙が並べられています。何度か使用したもののようです。影絵の人形はかなりの数が展示されています。祭礼の踊りに用いられたとみられる面は日本の伎楽面に似たものや能面のようなものも見られます。

王の乗り物である輿の模型が八点見られます。立派な屋形が整った本格的なものから、ただ台の上にテントを張って日よけとした簡易なものまであり、実際の使用例が写真パネルでも示されています。

次に銀板に装飾文様を彫金した銀製品があります。この博物館は王族の宝物も同時に展示している場所なのです。銀器には盆に載せられた茶器セットやポットの組み物などがあります。いずれも側面には花弁文様などが浮彫されています。彫金の透かし文様が美しい香炉や置物も見られます。

祭礼時に装束として身に着ける細い刀身の剣は、彫刻を刻んだ木製の鞘に収められています。これもクリスと呼ばれる剣の一つと考えられます。宝石の展示室は施錠されていて見学できませんでした。

木彫の作品が並ぶ部屋にはガルーダやヒンズー教に関係する神像の木彫が置かれています。

土器の製作に用いられた叩き板や当て具、ロクロ、バテックで用いられる蝋なども展示されていますが、写真パネルの説明がないと実際にどのように使用されたのかはわかりません。

博物館に隣接して影絵による人形劇が演じられる劇場があります。そこで使う影絵人形を製作するアトリエもあります。

✳ミュージアム・セニ・ダン・ブダヤ・ジャワ Museum Seni dan Budaya Jawa

ジョグジャカルタ市街地から少し山間部に入った場所に造られた、王宮の女性（王妃・女官など）の生活文化を紹介する施設です。

内部は非常に美しく、清掃、整備が行き届き、ガイドも気品が漂う若い女性です。展示室に向かう洞窟の入口には左右に龍の装飾があり、さらに廊下が続き、洞窟状の暗い空間を通ります。

バテックのコレクションや食器のコレクションは見るべきものが多いようです。王宮内で演奏される音楽といえばガムランですが、その楽器がフロア一杯に展示されています。次いで洞窟のような展示室の壁面には、王宮の女性や王室の家族の写真、王の写真が展示されています。展示室などは写真撮影が厳重に禁止されていますが、道路沿いの植栽や、見学順路最後のブロンズ製の親子の彫像、ガネーシャ像などの石像品は撮影することが許されました。

ミュージアム・セニ・ダン・ブダヤ・ジャワ

✳アファンディ美術館 Museum Affandi

ジョグジャカルタ市街地の北東部にある美術館です。交通量の多い道路に面しているため、館内でも車の騒音が聞こえます。この美術館は、インドネシアを代表する画家アファンディ（一九〇七〜一九九〇）の作品を収蔵展示する美術館です。建物は半円形（かまぼこ型）の平屋建ての建物で、展示の大半は一階で行われていますが、中二階のようなテラスの壁際にも絵画が展示されています。

アファンディの作品はカンバスに絵の具をチューブごとぶっつけたような激しいタッチと独特の色使いが特徴の抽象的絵画で、熱帯のエネルギーを感じると言われています。展示室には彼が日ごろ使用していた乗用車や自転車も展示されています。黄色にペイントされた乗用車は、彼のほとばしる情熱を今に伝えているようです。アファンディが描いた肖像画が一九九七年に郵便切手のデザインに採用されています。その作品が展示されています。

アファンディの作品はインドネシア各地の美術館に必ずと言っていいほどコレクションされています。作家活動の基盤でもあったアトリエや住居を見学すると、彼に対する親近感が生まれてきます。

アファンディ美術館

✺バテック博物館 Museum Batik Yogyakarta

インドネシアの重要な産業の一つにバテックがあります。バテックは生地の上の文様にそってロウをおき、その布を染料に浸けると、ロウの部分には染料がしみこまないで文様として残るというろうけつ染めの原理を利用したものです。

博物館は、市街地の路地を入ったところにある、ごく普通の建物です。内部には所狭しとばかりガラスケースや衝立が置かれています。衝立状の額にはバテックの布地が入れられています。明るい色調のものからシックなものまで様々です。花を付けた植物の文様が多いようですが、蔓草のようなものも見られます。

この博物館の展示は、生産地域別に製品が収集されているのが特徴的です。生産地域によって文様の精粗や色彩、デザインが微妙に異なっていることがよくわかります。また過去に作られた布地は反物のまま保管展示されています。古いものは一七三〇年、一八四〇年製作のものもあります。

製品としてのバテックは、みやげ物店や博物館などでよく見かけますが、この博物館で見たものは初めて知らされる内容ばかりです。

バテック博物館

バテックの布地の展示

簡単な製作工程は、みやげ物店の店頭でのデモンストレーションでも見ることができます。しかし、ここでは使用される様々な道具や何種類ものロウなどを見ることができます。文様を判型で捺して、その上を筆でなぞることによって全く同じ文様ができるのですが、その金属や木製の印判型が集められている様子は圧巻です。また熱で溶かした蝋を布においていくために用いる筆の役割をする道具も、描かれる絵柄によって微妙に先端部が異なるそうです。絵柄とともに道具が展示されており、わかりやすくなっています。この道具は実費で買うこともできます。せっかくなので一点求めましたが……。蝋を溶かすための鉄製の鍋も片隅に置かれています。説明がないと料理用と勘違いしてしまいます。一〇センチ四方の文様を染めた見本が置かれています。日本でも織物の見本を綴じた縞帖が残されていますが、それと似たようなものです。

このほか、バテックの製品展示があり、さらに展示室の一角には作業スペースが復元されています。実際のバテックの作業風景を間近に見られるようになっています。伝統的な作品を見た後での作業工程の見学はより印象に残るものでした。

✻ワヤン人形博物館　Museum Wayang Kekayon

インドネシアの伝統的な民俗の一つに影絵人形があります。ワヤン人形芝居と呼ばれていますが、使われる人形も地域によって大きく異なっています。この博物館では、すべての地域を網羅するように収集、展示しています。中央の広場を取り囲むように展示室が設けられています。また、マイクを前に演説する人や兵士のモニュメントが立てられています。

博物館は、切り妻屋根、平屋の独立した六棟の建物で構成されています。この建物で地域別に分類された影絵人形が展示されています。ビーバー・スラカルタ・スタイル、キルテック・ジョグジャカルタ・スタイルといったワヤン人形芝居は一七世紀から演じられているものです。ま

ワヤン人形博物館

立体的な人形も

た、ワニや豚、犬、トラやネズミなどのおなじみの動物が登場するワヤンは二〇世紀になって新しく登場した子供向けの公演に使われました。従来からあるラーマーヤナやマハーバーラタの話に沿ったワヤンもあります。

影絵人形のように平板的なものばかりではなく、立体的な人形もジョグジャカルタでは用いられていました。色彩やかな衣装が着せられています。ワヤン影絵人形は初期の頃は彩色装飾は見られず、影を映し出す形さえあればよかったのですが、やがて一般大衆の娯楽としての要素が加わるにつれて派手で華麗なものが作られるようになっていきました。さらに、最初は祖霊供養の形であったものが、演劇として発達するようになって文学や歴史譚が採りいれられるようになっていったようです。インド文化の移入とともに叙事詩マハーバーラタやラーマーヤナがジャワの民衆に受け入れられるような形に整えられワヤン劇化されていきました。劇の内容は外来のものでも、使われる人形はジャワ本来のものであり、影絵には、原初の魂をとらえた理念そのものが残されているようです。

人形とともに多くの仮面も展示されています。とくにボルネオ島のカリマンタンのものが多いようです。

✳メラピ火山博物館　Mount Merapi Museum

ジョグジャカルタの近くにある活火山のメラピ（ムラピ）山は、近年も大

メラピ火山博物館

火山噴火の被害を表したジオラマ

きな噴火をし、長期間飛行場が閉鎖されたり、航空機の上空飛行が中止されたりしました。そのため観光地のボロブドゥール寺院も火山灰の被害を受け閉鎖されてしまいました。メラピ火山噴火を後世に伝えるために建設されたこの博物館はジョグジャカルタ市郊外にあります。

尖った屋根がいくつも重なり、中央に塔が突出している特異な形をしている建物は、自然の厳しさを表現しているようです。

入口側は赤く塗装された部分が大きくせり出し、まるでマグマのようです。入口の赤以外は屋根がグレーに塗られています。屋根の後方にはメラピ火山が見えます。メラピ火山を遥拝するための祭祀施設のような印象も受けます。展示室には、インドネシア国内に多くの火山があることを地図上に示して解説し、火山の写真と噴火年の紹介がパネルで掲示されています。

インドネシアが火山国であり、多くが現在も噴煙を上げているという現実を知った後は、メラピ地区の火山被害の展示に入ります。ここでは逃げ惑う住民の姿を描いた絵画や写真が多く掲示されています。火山灰に埋まった食器、火砕流などによって変形したオートバイなどの実物は噴火の恐ろしさを物語っています。また噴火による火山岩の塊も並べられていますが、大きいものは径一メートル近くあり、これが上空から降り注いだと思うとゾッとします。

✳空軍博物館 Museum Dhirgantara Manda TNI Angkatan Udara

ジョグジャカルタの市街地からさほど遠くない所にこの博物館はあります。ここは現在もインドネシア空軍の基地として使われている場所です。軍入口ゲートのパスポートチェックは厳重で、ガイドは身分証明書をＭＰの事務所に預けなければ入場が許されません。入場するまで二〇分もかかりましたが、入場後は自由に動くことができました。

場内には大型の旧ソ連製のジェット機やロケット砲、高射砲などが野外展示されています。

博物館に入ると、空軍のシンボルマークが中央に掲げられた部屋があります。ここでは空中戦を描いた絵画が壁面を飾っており、空軍幹部の写真、制服姿のマネキン人形、部隊旗が置かれています。次の部屋には単発の飛行機が一機展示されています。この軽飛行機はインドネシア初の国産飛行機です。一九四八年の製造です。エンジンは一九二八年製造のハーレーダビットソンの二サイクルエンジンを使用しており、巡航速度は時速八五キロでした。幅は九メートル、長さは五・〇五メートル、高さは二・〇四メートルあります。

日本の戦闘機ゼロ戦

インドネシア初の国産飛行機

制服に着けられる階級章が並べられ、制服を着た男女のマネキンも展示されています。そのほか、空軍将校時代のスハルトの制服やステッキなどがガラスケース内に展示されています。

やや広い格納庫のような建物に入ると、第二次世界大戦時に活躍していた戦闘機を見ることができます。奥に行くと「ミツビシＡ６Ｍ５、ゼロセン」と表示された飛行機が目に入ります。日本海軍が誇ったゼロ戦の機体がここに残されていました。一九三八年製造、幅一一メートル、長さ九・〇六メートル、最高時速五七〇キロと表示されています。この機体は、一九四一年に中国でアメリカとの戦闘に使用された後、一九四二年から一九四五年まで「パプア戦線」で使用され、この博物館では一九八四年から展示されているとの説明があります。

このゼロ戦の隣にはアメリカの戦闘機Ｐ51ムスタングが展示されています。

第二次大戦中、ゼロ戦とともに日本を代表する陸軍の戦闘機ハヤブサがなぜかこの博物館に展示されていました。「ナカジマＫＩ４３、ハヤブサ」と表示してあります。一九四〇年製造、最高速度は時速五三〇キロ、巡航速度は時速四四〇キロとあります。一九八七年からこの博物館で展示されていると表示されています。

このほかにも日本軍の戦闘機がレプリカを含めて数機展示されていますが、ゼロ戦とハヤブサは機体の姿もほぼ完全であったように思います。

ノースアメリカンＢ25ミッシェルと表示されている小型爆撃機があります。この飛行機はインドネシア空軍が一九五〇年から使用していたものです。一九四一年アメリカで製造され、搭乗員六名、最高速度は時速四三八キロ、巡航速度は時速三七〇キロです。同じく爆撃機では一九四二年アメリカ製のＢ26が展示されています。この爆撃機も小型のもので搭乗員は七名です。一九六二年以来インドネシア空軍で使用され、一九七八年から博物館で展示されるようになりました。

爆撃機や戦闘機などのほかにヘリコプターやホーバークラフト、レーダー機器、高射砲、通信機械など

日本陸軍の戦闘機ハヤブサ

最新鋭のジェット戦闘機

も展示されています。

アメリカ製の航空機のみならずソビエト製のジェット戦闘機もインドネシア空軍では採用されていました。その中には無人機も含まれており、冷戦時代に両陣営がしのぎを削っていたことがここにも見えています。ソビエトとの交流はかなり深かったようで、無人機を搭載する大型のジェット機などもソビエトからの提供だったそうです。ミグ21、F13ジェット戦闘機は一九六二年に製造され、すぐにインドネシア空軍に採用されていました。

これら実機の展示が見終わると、ジオラマ、装備品の展示になります。テレビカメラや各種の撮影機材をはじめ脱出用の装備なども見ることができます。

展示室を出ると、ロケット砲が上空に向かって据えられ、その前には迷彩色に塗装された最新鋭のジェット戦闘機が置かれています。このほか無人偵察機を抱えこんで飛行する旧ソ連製の大型ジェット機の実物が野外に展示されています。

✺軍事博物館 Museum Dharma Wiratamaa-TNI Angkatan Darat

インドネシア陸軍の博物館です。入口には一九五〇年から一九六五年にかけて使用された迷彩色に塗られたアメリカ製戦車と一九四五年製の迫撃砲が向かい合わせに置かれ、見学者を迎えています。

かつての兵舎が博物館として使われています。司令官の部屋には胸像と写真、六角形の机、四脚の椅子、簡単な応接セット、事務机などが置かれています。どれも質素なものです。緑色の制服を着用した兵隊のマネキン像や、銃、装備品が置かれたガラスケースがあります。

アメリカ製戦車

1945年製の迫撃砲

次の部屋の長方形の台の上に機関銃が二つ置かれています。壁面には戦闘の様子を描いた絵画が掛けられていますが、その内容はよくわかりませんでした。部屋を出て中庭を見ると、爆弾、投光器などが無造作に置かれていました。

このほか、ぼろぼろになった旗、兵士がかぶっていたヘルメットや、鉄砲、野戦砲、小型の銃器などが展示されている部屋が続きます。乗用車が置かれている部屋、勲章や連隊旗、無線機が置かれた展示室もあります。

建物を守衛していた当番の兵にどこから来たのかと尋ねられました。話しているうちに突然握手を求められ、記念撮影をすることになりました。なかなかフレンドリーな兵隊さんでした。

✺スディルマン大将記念博物館

Museum Sasmitaloca Panglina Besar Jenderal Sudirman

インドネシア独立後の初代国軍司令官スディルマン（一九一五～五〇）の記念

スディルマン大将記念博物館

スディルマンの活躍を描いたジオラマ

博物館で、一九六七年五月一八日に開設されました。この博物館は、かつてのスディルマンの自宅でした。正面にはスディルマンの騎馬姿のブロンズ像があり、両側には機関砲が置かれています。展示室にはスディルマンの活躍の様子や病院での闘病生活などを表現したジオラマがあり、夫妻の居室、寝室などが公開されています。

スディルマンはインドネシアで最も大衆に人気があった軍人です。中部ジャワに生まれ、オランダ語教育を受けたのち、一九三五年に小学校教師となりました。日本軍政下で教師を続けるかたわら協同組合設立に参加し、戦時下の住民の経済生活改善に尽力しました。また州参議会議員やジャワ奉公会の役員としても活躍し、一九四四年には日本軍による軍隊教育を受けてペタ（祖国防衛義勇軍）の大団長に任命されました。独立後の一九四五年一二月に初代国軍司令官に任命され、対オランダ独立戦の陣頭指揮をとりますが結核におかされ、完全独立達成直後に三五歳で死去しました。

✳スハルト記念館　Memorial Jenderal Besar H.M Soeharto

二〇一三年六月八日、スハルト元大統領の誕生日に、生地ジョグジャカルタ特別州バントウル地区に建設された記念館です。この地はスハルト夫

スハルト記念館

個人用の小型のモスク

人の故郷でもあり、スハルトの兄弟の一人が資金を提供してこの記念館が設立されたそうです。

記念館の敷地に入ってすぐ左手にモスクがあります。スハルトはイスラム教徒で、このモスクは個人用の小型のものです。館内の円筒形のトンネルの壁にはスハルトの活躍した写真が一面に貼られています。展示はスハルトの政治的手腕を評価するものばかりです。

展示室を出ると見学者の休息用の建物があります。この建物の前には軍服姿のスハルトの像が建てられています。

✳ゲムビラ・ロカ動物園　Gembira Loka Zoo

クラトン（王宮）の東約三キロのところにある動物園です。

入口を入ってしばらく歩くと左手に小さな建物があります。ここでは昆虫や小動物の生態観察などの展示が行われているようですが、訪問時には閉まっていました。やがて大きな人工池が現れます。大小のボートなどが浮かべられ、休日には家族連れで賑わっています。この池の先に象舎があり、オスとメス一頭ずつが草を食んでいます。オスの象牙は立派です。

園路沿いの左手には猿山がありますが、時間が遅いこともあってサルは飼育舎に戻されていました。

ゲムビラ・ロカ動物園

大きな水槽があります。三〇センチを超えるアラパイマという大きな淡水魚が飼育されています。ほかにもナマズもいるようなのですが、水が濁っていて姿を見ることが出来ませんでした。さらに歩くとワニの飼育舎です。水たまりでじっとしたまま動きません。続いてワラビーの檻の前に出ます。ここでは元気に跳ね回るワラビーを見ることが出来ました。カバは一頭が水中に、さらに一頭が囲いの中を散歩しています。ミーアキャットは獣舎内に隠れたまま出てきません。鷲や鷹も枝に止まったまま動こうとはしません。園路の最も奥にはペンギンが飼育されています。園路のところどころにペンギンが大きく印刷された看板があるのでペンギンは特別扱いのようです。熱帯の国ということもあり、ペンギンは冷房の効いた部屋に入っていました。このほかダチョウや白鳥なども飼育されていました。

✳ガジャマダ大学動物学博物館 Museum Biologi UGM

ジョグジャカルタで最も古いガジャマダ大学の付属博物館です。ただし大学構内ではなくジョグジャカルタ市街地の一角にあります。

入口近くのジュゴンと象の骨格標本、展示室のガラスケース内の鳥の剥製標本など、どれも隙間なくぎっしりと置かれているのでかなり窮屈な印象を受けます。標本は生態がわかるように剥製として展示されており、詳細なラベルが付けられています。哺乳類や両生類などの標本もやはりかな

ガジャマダ大学動物学博物館

立派な牙を持った象

り窮屈な状態で並べられています。

一方、剥製にできない軟体動物や魚類などは、アルコールやホルマリンなどの液体に浸して保存されています。魚は縦長の円柱形の標本瓶に入れられています。ナマズかウナギの一種のような大きいものが体を曲げて収められています。このほか、卵から鳥が孵化するまでの過程を示した標本の展示もありました。展示室の一角では研究員がピンセットと刷毛を使って魚の骨格標本の清掃作業を行っていました。

この博物館は大学の付属施設であり、展示よりも研究・教育に重点が置かれているようです。

ジュゴンの骨格標本

✳タマンシスワ教育博物館
Museum Dewantara karti Griya Tamansiswa

ジョグジャカルタ市街地にあるタマンシスワ学園のキャンパス内に設置された博物館です。大学創立者の居住していた建物をそのまま博物館にしています。室内にはベッドや家具、書棚がそのまま残されています。創設者のブロンズ胸像も建てられています。

タマンシスワ教育博物館

✳ジョグジャカルタ返還記念館　Museum Monumen Yogya Kembali

ジョグジャカルタの環状道路（リンクロード）の北側、スレマン郡サリハルジョ村にあります。建物は円形ですが、ＵＦＯか宇宙船のような斬新なデザインです。

建物は二階建てです。まず一階の展示から見てみましょう。入口を入ったところに館内の案内図があり、馬車が置かれています。展示室は四ヵ所あります。軍服姿の二人の日本兵など各国の兵士のマネキンが九体あり、その前に機関銃などが置かれています。次に、部隊旗や拳銃、タイプライターなどがケースに入れられています。さらに進むと、クリス、剣、槍、日本刀が展示されています。これら兵器のコーナーを過ぎると帆船や漁船の展示があります。

ジョグジャカルタ返還記念館

展示室

またガラス瓶に布きれを入れた火炎瓶や手榴弾も置かれています。ここはゲリラ戦の武器を並べているようです。ミシンや日常用具の展示も見られます。スディルマン将軍が戦場に行く際に使用した椅子や馬車も置かれています。高射砲や迫撃砲などの銃器もたくさん並べられています。またカマドを用いての炊事風景や野戦病院のジオラマでは戦場での生活の様子がよくわかります。

ジオラマ仕立てのものが多く、わかりや

すく工夫された展示ですが、同じような展示が繰り返されるので退屈してきます。館外には飛行機の展示があります。複葉機は一九四七年まで使用されていたものです。

✵ジョグジャカルタ戦争博物館 Museum Perjuangan Yogjakarta

スカルノ元大統領をはじめとするインドネシア独立運動で活躍した人物を顕彰するために一九六一年に設立された博物館です。

建物は円形二階建ての近代的なもので、主として二階フロアが展示に使用されています。中央に円形のガラスケースの空間を作り、その中にオランダの帆船と世界地図、さらに当時インドネシアから輸出されていた香辛料などの見本、当時の交易航路が示されています。次に木製の机と椅子、時刻などを知らせる木製のベル、陶磁器、カバンなどが置かれています。展示品がないので無理して置いてあるという印象を受けます。

外壁側には、スカルノら独立運動に活躍した人物のブロンズ胸像やパイロットの姿もあり、簡単な業績紹介も付けられています。また独立運動に関する写真も貼られています。英雄の肖像が印刷された一、五、一〇ルピア紙幣も展示されています。

ジョグジャカルタ戦争博物館

展示室

ボロブドゥール Borobudur

ボロブドゥールはジョグジャカルタの北西約四二キロ、車で約一時間のところにあります。語源はボロ（寺）・ブドゥール（小高い丘）です。そこはケドゥ盆地と呼ばれ、周囲をムラピ火山などの大きな山々に囲まれています。世界最大級の仏教寺院で、「ボロブドゥール寺院遺跡群」として世界遺産に登録されています。

① ボロブドゥール寺院
② ボロブドゥール船舶博物館
③ ボロブドゥール考古博物館
④ ボロブドゥール美術館
⑤ ムンドゥツ寺院
⑥ パオン寺院
⑦ ハジ・ウイダヤッ美術館

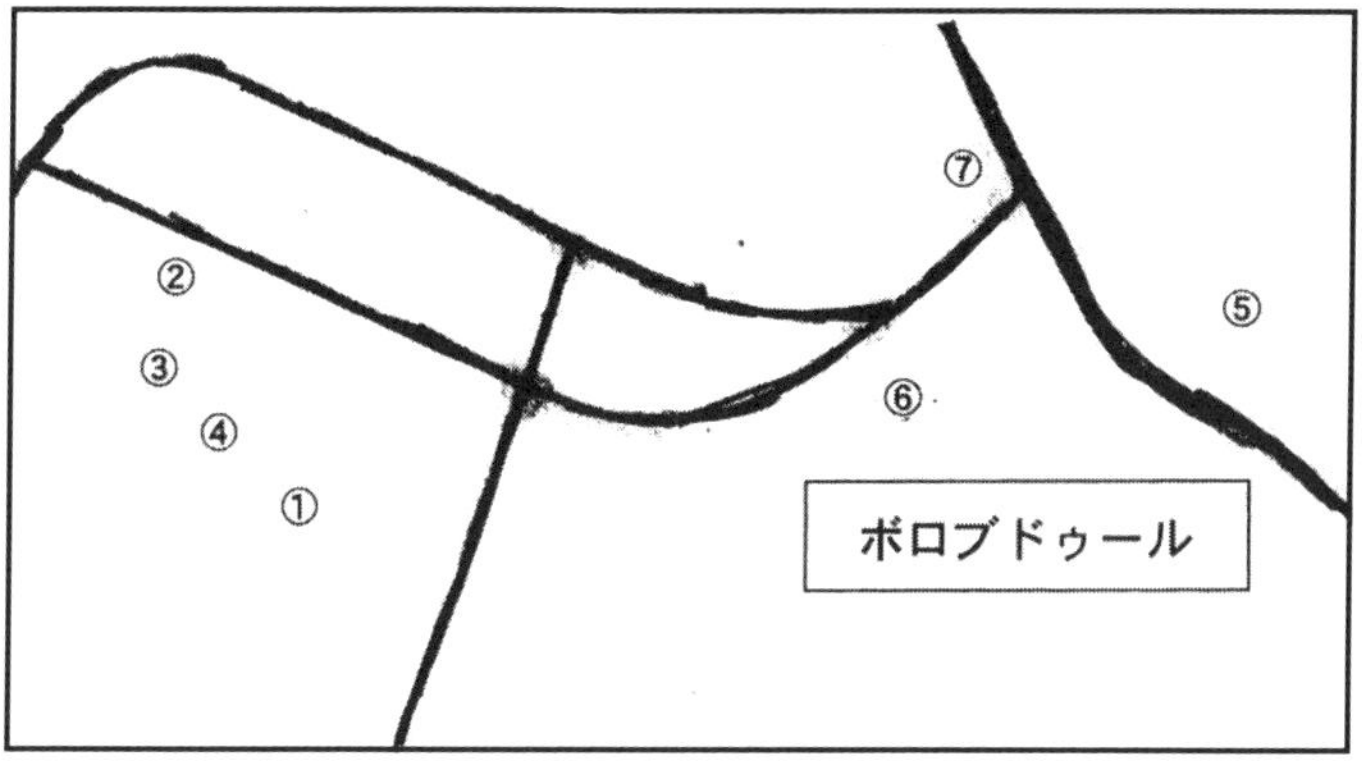

✳【世界遺産】ボロブドゥール寺院　Candi Borobudur

遺跡の総面積はおよそ一万五〇〇〇平方メートル、寺院の総高はもともと四二メートルあったそうです。かつての基壇は現在のものより小さく、前方の左手の一角にその痕跡を見ることができます。つまり、現在の基壇は旧基壇の上に重ねるように建設されたものなのです。

インドから東南アジアへ伝播してきた仏教は一般に上座部仏教と呼ばれますが、ボロブドゥール寺院は大乗仏教の遺跡です。八世紀後半から九世紀前半に成立したシャイレーンドラ朝の王家は大乗仏教を信仰しており、その王ダルマトゥンガにより七八〇年頃から建築が進められ、七九二年ごろに一応の完成をみたと考えられています。その後、一度増築工事が行われますが、シャイレーンドラ王朝の後にはヒンズー教の勢力に支配され、大乗仏教はジャワより後退していきました。

ジャワ島ではヒンズー教、イスラム教が勢力を拡大していき、この遺跡は長い間忘れ去られていました。一八一四年にイギリス人のトーマス・ラッフルズとオランダ人技師コルネリウスによって偶然に森の中で発見され、一部が発掘されました。その後一八五一年から一八五四年にかけての第二次調査、一八八五年の発掘調査、一九〇〇年のオランダ政府による発掘委員会の組織と一九〇七年の写真記録、一八九七年から一九一一年にかけてのオランダ人技師による復元工事が行われました。

ボロブドゥール寺院

インドネシア独立後の一九七三年から一〇年間は、遺跡の倒壊を防ぐためにユネスコ主導のもと二〇〇〇万ドルの費用をかけて修復工事を行い、一九八二年に完了しました。

ボロブドゥール寺院は、もともとあった自然の丘を、さらに盛り土で覆って丸く整備し、その上に安山岩のブロックを積んで造られたもので、正面の入口は東側です。総高は三三・五メートル、最下層の一辺の長さは約一二〇メートルです。

ボロブドゥール寺院は五層からなる方形の基壇で構成され、その上部にはさらに三段の円壇があり、最頂部に釣鐘状の仏塔があります。方壇にはそれぞれ回廊があり、その回廊の両側面には、仏の教えを示し説き伝える「法施」のレリーフが見られます。最頂部の大きな仏塔は一八四二年ケドゥの人ハルマントによって内部の発掘が行われましたが、発掘報告が行われていないことから、いまだ内部は明らかではありません。

全体の仏像配置は、仏界を図式化した曼陀羅図の構造をとっています。最下部方壇の第一～四層目までは、基壇上の方位ごとに仏像が異なっています。東側は触地印の印相をなす仏像九二体、南側は施与印で九二体、西側は禅定印で九二体、北側は施無畏印で九二体の仏像が並べられています。第五層には東西南北の四方に、すべて同一な印相（一種の説法印）をなす仏像が全部で

基壇の基礎部分

石　仏

廻廊のレリーフ

「うさぎ本生譚」

六四体安置されています。最上部の円壇上には、転法輪印の印相に統一された仏像が小さな仏塔の内部に収められており、その配列は密教の金剛界系の曼荼羅図と同じです。

ボロブドゥール寺院は、いくつもの回廊が周りを取り囲み、その両側には素晴らしいレリーフが施されています。第一回廊には一〇四の仏像が据えられていましたが、現在では七九体が残され、後は失われています。この回廊のレリーフは壁面外側には仏陀の一生を、内側には仏陀の誕生から悟りを開くまでの生涯が描かれています。このレリーフの一部を紹介しておきましょう。

「うさぎ本生譚」は、釈尊が前世ウサギであったという話から出ています。一人の行者のために森にすむ動物たちはそれぞれ食べ物を持ち寄ってきます。例えばサルはバナナを差し出します。しかしウサギはその持ち合わせがなかったので自らを差し出すことにし、火の中に飛び込みます。さらに内側の仏伝記では、地上に降下する釈尊、マーヤ夫人が夢で白象を見て受胎するという話、さらにそれを夫に話す場面、やがて誕生、マーヤ夫人の右脇腹から誕生し、すぐに七歩歩くという図、やがて母の死によって養母に育てられた釈尊は第一回目の外出で老人と出会い、以後何度かの外出で幾人かの人と出会い、それによって出家を決意します。城を出て剃髪するまでの場面が展開します。やがて苦行を行い様々な出来事に遭遇し、ついに菩提樹の下で悟りを開きます。さらに弟子たちから聖水をかけられている姿、鹿野苑での初説法の図などがあります。なおこれら仏伝記の下方に見られるレリーフは「譬喩譚《ひゆたん》」と呼ばれるもので、「マノハラ物語」「シビ王物語」「サンプラー妃物語」「マイトラカニヤ物語」から構成されています。

第二回廊にも素晴らしいレリーフが見られます。これらは「華厳経」という経典に出典があります。「入法界品」は、スダナという青年、実は善財童子が文殊菩薩の導きによって、理想の境地である「法界」を求め諸国を巡り、五三人の賢人を訪ねて教えを受け、最後に普賢菩薩の許でそれを成就するという話です。最上部分にある円壇には小さなストゥーパ内に仏像が安置されています。この仏像は仏陀ではなく釈迦如来であるという説もあります。

雄大な構造物であるボロブドゥール寺院は、仏教思想を具現したものとして多くの説が示されており、研究が進められていますが、観光で訪れても、その一端を感じ取ることはできます。

✳ボロブドゥール船舶博物館
Museum Kapel Samudrarakusa Ship Borobudur

この博物館はボロブドゥール寺院の遺跡からはかなり離れたところにあります。ボロブドゥールの回廊壁画の船は外洋を航行した崑崙船であるとされています。この崑崙船の存在から、当時の交易が海路を通じて行われていたことが明らかとなり、その経路は「海のシルクロード」とも呼ばれています。

ボロブドゥール船舶博物館

復元された木造船

この博物館の中心に木造の復元船が置かれています。中央には大きな帆を支えるマストがあり、船の前後にも補助的な帆が用意されているようです。長く突き出た舳、後方にある方向を操作する舵などを見ていると、かつて風を受けて航行していた様子が想像できるようです。船の周囲にはロープが張られ、内部に入ることはできません。説明板によると、この復元船は実際に公開航行実験も行ったということです。

周囲のガラスケースには沈没船から引き揚げられた遺物が展示されています。貝殻が付着していることからわかるように、多くの品々は長く海中に沈んでいたものです。当時の重要な交易品である中国製の陶磁器や船員が使用していた皿や碗、壺、金属器、船の一部と見られる木材などを見ることができます。

しかし、復元船のインパクトがあまりに強いためか、遺物まで見る人は少ないようです。

✻ボロブドゥール考古博物館
Borobudur Archaeological Museum

ボロブドゥール船舶博物館から少し離れたところに建てられた博物館です。長期間にわたって行われたボロブドゥール寺院の復元工事やそれに伴

ボロブドゥール考古博物館

って行われた周辺の発掘調査などで出土した石像仏や石像彫刻物、金属遺物、陶磁器など考古学的な遺物を収蔵展示する博物館です。周囲は低い塀で囲まれています。

インドネシアの伝統的な建物をイメージした平屋建ての展示館が、中央の建物を囲む形で三方向に配置されています。それぞれの建物内に出土品や仏像などが展示されています。

✳ボロブドゥール美術館 Borobudur Art Museum

ボロブドゥール寺院から船舶博物館へ行く途中の小高い丘にある博物館です。とくに目立った展示品はありませんが、自然木の造形作品や絵画などが展示されていました。しかしボロブドゥール遺跡との直接の関連は全くないようです。この地域の民俗に関する展示も見られましたが、本格的な美術品の展示施設ではありませんでした。

ボロブドゥール美術館

✳【世界遺産】ムンドゥツ寺院 Candi Mendut

ボロブドゥール寺院の東約三キロメートルのムンキッド市にある仏教寺院です。仏陀の生誕地の方向である北西向きで、ボロブドゥール寺院への旧参道上に建てられています。この寺院はシャイレーンドラ王朝のインドラ王の時代の八世紀から九世紀頃、あるいはボロブドゥール寺院より

ムンドゥツ寺院

以前に建てられたのではないかという説があります。一八三六年に地中に埋もれた状態で発見されました。メラピ火山の噴火による降灰によって埋没したと考えられています。

一八八七年に復旧作業が行われましたが、十分なものではありませんでした。一九〇八年にオランダ人技師ファン・エルプによってボロブドゥール寺院と並行して修復工事が行われましたが、資金不足などの事情で工事は滞りました。一九二五年には修復工事が再開され、現在のような形となりました。

寺院内部には三体の石造仏が安置され、その素晴らしさはインドネシア随一とされています。ちなみに内部の三仏像は、中央に釈迦牟尼仏像、向かって左が観世音菩薩像、右が金剛手菩薩像です。高さが約三メートルの釈迦牟尼仏像は椅子に座った姿の仏椅像と呼ばれるもので、全体の姿はインドの後グプタ期美術のサールナート派の流れを汲んでいるとされています。とくに両手で車輪を回すようなしぐさの初転法輪印をむすんでいる、まったく欠損部分のない石造仏で大変貴重なものです。左右の観世音菩薩像、金剛手菩薩像はともに片足を下に垂れ下げて座る遊戯坐の様相を示しています。なお向かって左側の観世音菩薩像の方が右手の金剛手菩薩像よりもよくできているとされています。さらにこの仏道の入口両側壁面に見られるレリーフ、大きさの違う彫刻も見逃せない傑作です。その一つが鬼子母神、もう一つが毘沙門天像です。前者は作者の子どもに対する愛情がその構図に現れており、ほほえましいものです。

また、外壁面には観世音菩薩像、准提観音像、多羅菩薩像が浮彫されています。とりわけ観世音菩薩像は、蓮華の花の台座に座り、その蓮華の茎を竜王と竜女が支えています。さらにその外側には八体の約二メートルの菩薩像がありますが、持ち物や印相が異なります。構図全体は八大菩薩曼荼羅を表現しているとされています。このことからこの寺院は密教寺院であったと考えられています。

高い基壇への階段の外壁には説法用のレリーフが多く見られます。その一つに「鳥と亀の図」があります。ある時、亀が子供たちにいじめられているところを鳥がこの枝につかまるようにと木の枝を落とします。それを咥えた亀を鳥たちが咥えて飛び立ちます。亀はこれで難を逃れることになるのでしたが、子供たちが下からはやすのを聞いてたまらず、口を開いてしまいます。亀はようやく助かったのに口を開いたため地上に落ち、子供たちにつかまってしまいました。

ここでは経典に出てくる説話から、口を利くことの危険を説いています。このほか鳥とサルの話やバラモン僧と蟹の友情を説いた「スヴァンナカカタ本生話」なども見られます。鳥とサルの話は、鳥が木の上に立派な巣をつくって雨を避けています。猿は雨をしのぐすべがなく木の下にいました。

発掘された遺構

説法用のレリーフ

本　尊

これを見た鳥は、サルが雨宿りの場所を持たないことをはやします。するとサルは怒って木の上の鳥の巣を落としてしまいます。これにより猿も鳥も雨をしのぐものがなくなってしまいました。これは他人のことをとやかく言うことは避けたほうがよいという話です。

✺【世界遺産】パオン寺院　Candi Pawon

ボロブドゥール寺院の東約一・五キロにある、高さ約一二メートルの小さな堂の寺院です。

この寺院はシャイレーンドラ王朝のインドラ王の遺骨の灰を埋めた場所と考えられており、地元の人にはパワー・スポットとして人気があります。堂の外壁にある天界を表現したレリーフが目をひきます。八世紀終わりころの作品とされ、天界の聖なる樹木、聖樹を中心に半人半鳥のキンチラが描かれ、参拝に訪れた人々に死後の世界があることを示しています。入口の両側には二体の天女アプサラス像が彫刻されています。この遺跡は、一九〇三年にオランダによって修復されました。

天界を表現したレリーフ

パオン寺院

✺ハジ・ウイダヤッ美術館　Museum H.Widayat

ボロブドゥール寺院からムンドゥツ寺院に行く途中にある美術館です。建物は白くペイントされた二階建ての近代的なものです。この美術館は一九九四年四月に開館しました。

ウイダヤッはジャワ島生まれの画家です。彼はインドネシア美術界の装飾主義の父と呼ばれており、東洋の美意識に重点を置いた作品を生みだした人物として高く評価されています。

館内は外光が入る明るい作りで、一階フロアはウイダヤッ自身の作品、二階フロアには彼以外の画家のコレクションが展示されています。

オブジェ

展示室一階の中央には二階にまで突き抜けるねじられた金属板のようなオブジェがあります。このほか白い石材が組み合わさったオブジェやブロンズの鳥などの作品などが並んでいます。油彩画もあり、ウイダヤッの多芸ぶりを示しています。日本の桜を描いた作品もあります。

二階は展示空間がかなり狭くなっていますが、壁面にウイダヤッのデッサンや油彩画などが上下に重ねて展示されています。また、ウイダヤッが作品製作の参考に世界各地から収集した芸術品も多く展示されています。その中には陶磁器なども含まれています。

ハジ・ウイダヤッ美術館

プランバナン Prambanan

プランバナンは、ジョクジャカルタの東方一七キロ、車で約二〇分程度のところにあります。語源は「Pra（たくさんの）」＋「Brahmana（僧侶）」＝たくさんの僧侶という意味だそうです。プランバナン寺院群が世界遺産に登録されています。

① プランバナン寺院
② プランバナン考古学博物館
③ プラオサン寺院
④ セウ寺院
⑤ サリ寺院
⑥ カラサン寺院
⑦ サンビ・サリ寺院
⑧ サジワン寺院

↓

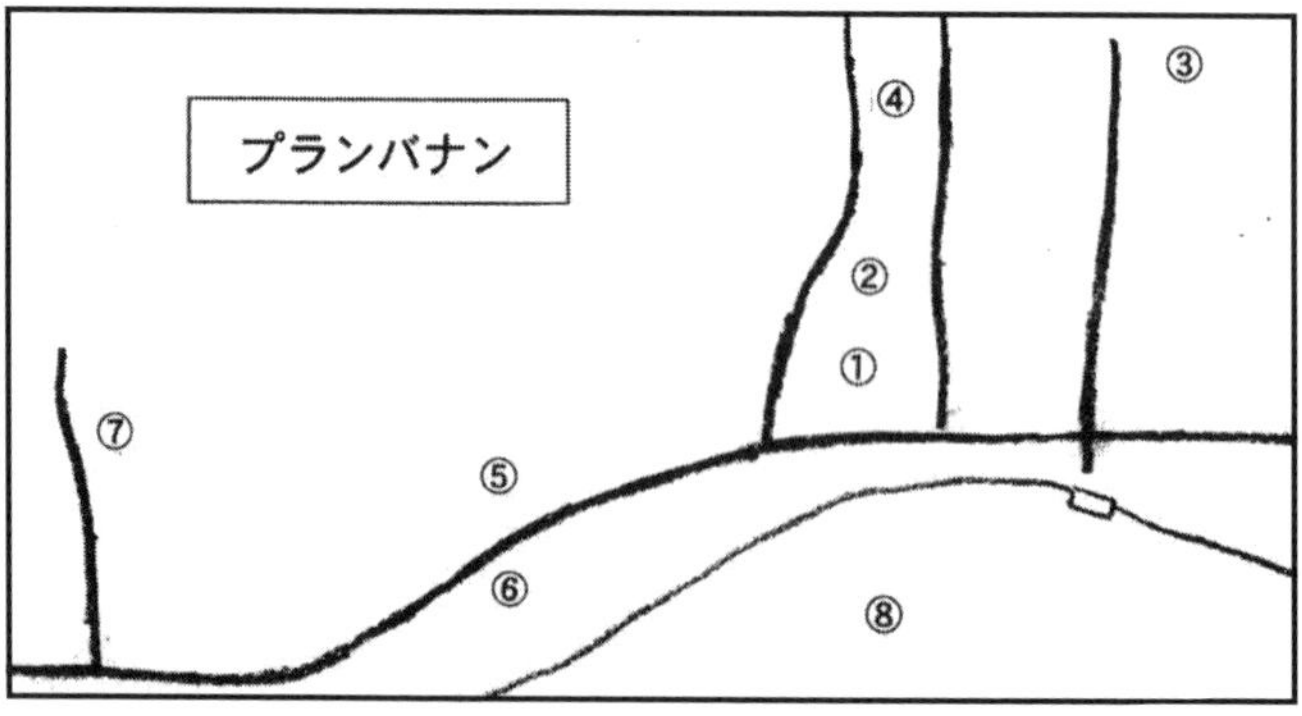

✳【世界遺産】プランバナン寺院 Candi Prambanan

プランバナン寺院はシヴァ堂を中心とするチャンディと呼ばれる寺院やそれ自体が崇拝の対象となっている堂、祠堂と、それらを取り囲むプルワラ（小祠堂）の大小二四〇の堂・祠堂とリンガからなるヒンズー教寺院群です。ヒンズー教寺院としてはインドネシア最大級で、仏教の寺院であるボロブドゥール寺院と並んで、ジャワ建築の最高傑作のひとつとされています。

プランバナン寺院の建築物の中心的なものがシヴァ神を祀るシヴァ堂です。この建物は、ピカタン王が八五六年に建設した寺院で、外苑、中苑、内苑の三重構造を持っています。現在は中苑と内苑のみが残されています。

調査中の寺院跡

プランバナン寺院

主堂はヒンズー教の主神であるシヴァ神をまつるシヴァ堂です。高さ四七メートル、ピラミッド型の塔とその両端にブラフマー堂とヴィシュヌ堂が建てられています。プランバナン寺院には主としてこの三つの聖堂の中にヒンズー教の三大神、シヴァ神、ヴィシュヌ神、ブラフマー神を祀っています。三つの神は立像として造られ、聖堂の中央に安置されています。なかでもシヴァ神が最大で、高さは約三メートルあります。四本の腕を持

シヴァ堂回廊のレリーフ

シヴァ堂のガネーシャ像

ち、顔面には額に三日月形の眼があります。またこの神像はラカイ・ピタカン王の肖像であるとも伝えられています。シヴァ神像の真下の台座から九メートル下に石函《せきかん》に収められた王の遺骨が埋蔵されています。シヴァ堂にはこのシヴァ神のほかに二体の神像があります。シヴァ神の妻にあたるドゥルーガ女神像とシヴァ神の息子にあたるガネーシャ像です。いずれも素晴らしい石造彫刻です。なおドゥルーガ女神像は伝説上の美しい王女ロロジョグランの肖像であるとも伝えられています。

シヴァ堂の回廊の壁面には「ラーマーヤナ」を題材にしたレリーフが見られます。またシヴァ神の乗り物とされるナンヂ牛像も見ることができます。

ヴィシュヌ堂はシヴァ堂の北側にあります。高さは二三メートルで、シヴァ堂より低く建てられています。ヴィシュヌ神は本来太陽神で、『リグ・ヴェーダ』では単に太陽を神格化したもので重要な神ではなかったのですが、次第に信仰を集め、シヴァと並ぶヒンズー教の最も重要な神となります。ヴィシュヌ神はとくに貴族階級に崇拝されたようです。

宇宙の維持発展を司り、乱れた秩序を回復するため、たびたび変身して地上に姿を現します。ラーマ、クリシュナ、仏陀などはその化身の一つと考えられています。ちなみに仏陀はヴィシュヌ神の九番目の化身とされています。ラクシュミーを妻、霊鳥ガルーダを乗物とし、胸の旋毛の卍は瑞兆の相とされています。

ブラフマー堂はシヴァ堂の南側にある高さ二三メートルの建物です。ブラフマー神は『ヴェーダ』賛歌の神秘力（ブラフマン＝梵天）の神格化として誕生します。バラモン教徒に最高神として仰がれる神です。

ラーマーヤナ物語

この物語はヴィシュヌ神の化身であるコーサラ国の王子ラーマが主人公で、その妻シーターとの一代記です。ラーマは不幸にして、愛する妻シーターを悪魔の大王ラーヴァナに奪い去られます。のちに様々な支援を得て救い出します。しかし妻の不貞を疑ったラーマはついにシーターを追い出してしまいます。悲しみに暮れた王妃は身の潔白を証明すべく努力しますが、ラーマの猜疑心は除去することが出来ませんでした。やがてシーターは亡くなってしまいます。ラーマは自らの過ちに気が付きますがすでに時遅く………。

この物語は三世紀頃に古代インドで作られた叙事詩です。この詩はヒンズー教の伝播とともにインドから東南アジア各地に伝えられ、多くの民衆の支持を得て広まっています。

✺プランバナン考古学博物館 Museum Pranbanan

プランバナン寺院とその周辺から出土した遺物を収蔵、展示している施設です。

正面の建物にはインドネシアの伝統的な楽器であるガムランの楽器が置かれています。ここでは実際に演奏もするとのことです。

次の展示室にまずリンガ（男性器をかたどった彫像）とヨリ（女性器をかたどった彫像）のセットが置かれています。大抵の遺跡では中心のリンガは失われ、台座となるヨリの部分のみが残されている例が多いのですが、ここでは全容が見られます。次いで石像仏、陶磁器が六角形の台に載せられて展示されています。ちなみに、この館の展示ケースは、なぜかどれも六角形です。妙なところにこだわっているという感があります。次の部屋では、高さ約一・五メートルの石造仏が置かれています。このほかリンガに文字

プランバナン考古学博物館

金銅製鎮壇具

文字のあるリンガ

黄金製品の展示

が刻まれたものを見ることができます。

さらに黄金製の小型の容器、鉢、皿、装飾具などがガラスケース内に並べられています。全部で一一点あり、いずれも表面には細かな装飾が施されています。これらは建物の地下に埋められていた鎮壇具である可能性が高いと思われます。

続いての展示室には多数の石造仏、ガネーシャ像、ビシュヌ神、シヴァ神などプランバナン寺院で祀られていたヒンズー教の神々の石像が集められています。種類は多く、興味深いものもあります。

✳プラオサン寺院　Candi Praosan

ボロブドゥール寺院を建立したサマラトゥンガ王の娘プラーニーダヴァルダニーはマタラーム王国に嫁ぎラカイ・ピカタン王の王妃となっています。この寺院はピカタン王と王妃によって創建されました。時期は九世紀中頃と考えられています。

境内は南北に分かれています。北側は二三六基の仏塔（ストゥーパ）と一一六棟のペルワラ（小祠堂）、南側には六九基の仏塔と一六棟のペルワラが寺院を取り囲んでいます。

南北ともに本堂はほぼ残されていますが、とくに南側のものの方が美しいようです。南堂は三つの部屋で構成され、中央には金剛手菩薩像と観世音菩薩像が見られます。高さが約一・五メートルで、一方の足を下げて座った姿勢で、持ち物や手の形、印相を異にしています。この二体

プラオサン寺院

仏塔群

南　堂

は脇侍像と考えられ、中央の台座のみ残っている部分に釈迦牟尼仏が置かれていたものと考えられます。この三尊仏の配置はムンドゥツ寺院の三体仏と同じです。北堂も南堂と基本的に同じ構造ですが、内部に仏像は残っていません。両堂ともに外壁面には多くの天女像や仏像のレリーフが施されています。

✳セウ寺院　Candi Sewu

プランバナン寺院を中心とする史跡公園内にはいくつかの寺院があります。その中で大きい寺院の一つがセウ寺院です。公園の中心となっているプランバナン寺院はヒンズー教寺院ですが、周辺寺院の多くは仏教寺院です。セウというのは「千の」という意味で、かつてここには総数二四〇基に及ぶベルワラが敷地を埋め尽くしていました。現在ではその

セウ寺院

守護神クベラの石像

名残の石が瓦礫となって山積みされています。セウ寺院の前にある守護神クベラの石像との対面も楽しいものです。

プランバナン寺院とのこの寺院との間にはこのほかブブラ寺院やルンブン寺院などがあります。

✳サリ寺院　Candi Sari

カラサン寺院の西北約二キロのところにある仏教寺院です。サリとは「精髄」という意味です。建物は正面に長方形の出入口、さらに三列三段の正方形の窓があり、側面を含めると一二ヵ所以上の窓が開けられている三層構造の建物です。窓の左右に仏像が、また外周左右にも仏像のレリーフが施されています。また中央の出入口の上に見られるガーラは、大きく口を開けていて、下顎がありません。ほぼ正方形に穿たれた窓の上部には山型の屋根が付されており、その外壁面には唐草文様が施されています。

サリ寺院

仏像のレリーフ

✺カラサン寺院　Candi Kalasan

この地域を支配していたサンジャヤ王朝と隣国のシャイレーンドラ王朝の王家同士による結婚を記念して七七八年に創建されました。最初は仏教寺院として創建され、九世紀頃から改修、改築を重ねた後、ヒンズー教寺院となり今日に至っています。

建物内部に大きな空洞と台座が残っていることから、ここには大きな像があったと考えられています。なお境内の一角に、雨樋の先端部分の装飾や多数のリンガの破片が集められています。復元できずに放置されたものと考えられます。

✺サンビ・サリ寺院　Candi Sanbi Sari

古マタラム王国で最後に建てられたヒンズー寺院とされるものです。一九六六年に地下六メートルから火山灰に埋もれた状態で発見され、その全貌が明らかになりました。一〇世紀に起きたメラピ火山の噴火がいかに大規模だったかを物語るものでした。

チケットを求めて入ると、二重の塀で囲まれた寺院の伽藍が目に入ります。火山灰で埋もれていたからでしょうか、美しく整然とした形で残っています。

サンビ・サリ寺院遺構

カラサン寺院

鬼面の守護神ガーラ

階段を下りて寺院の中に入ります。内周にも塀があり、奥に進むと、三棟の方形の建物の遺構にたどり着きます。基壇のみが残っており、その上にどのような建物が建っていたのかは不明です。さらに進むと中央の建物が見えてきます。この建物は二重基壇の上に建てられていますが、建物の周りに礎石が残されていることから、中央の祠堂を覆うような建物があったと推定されます。祠堂の内部には大きなリンガが残されています。この建物の周囲の外壁にはそれぞれに仏龕が設置され、内部にはヒンズー教の神々、ガネーシャ、ドゥルガー女神の石像が置かれています。仏龕の上部には下顎のない鬼面の守護神ガーラがいます。

✺サジワン寺院 Candi Sajiwan

二〇一一年一二月に修復が完成した建物は、ほぼ正方形の背の高い尖塔のある建物です。正面には両側に獅子像のある石段があります。外壁面には全く装飾がなく、とても素朴な印象を与えています。なお石段や基壇の壁面には物語性のあるレリーフが施されていますが、その内容まではわかりませんでした。まだ調査が行われていないのかもしれませんが、境内を示す周溝や塀などは見られません。傍らに小さな仏塔が一基見られるのみです。

ソージュアン寺院

ソロ（スラカルタ）　Solo（Kota Surakarta）

ジャワ島中部に位置するソロは、現在は「スラカルタ」が正式名称になっていますが、今でも「ソロ」が一般的な呼び名です。ソロの市街地にはカスナナン王宮、マンクヌガラン王宮という二つの王宮があり、それぞれ王宮博物館を設置しています。また、ラジャ・プスタカ博物館、ダナル・ハディ・博物館なども市街地にあります。ソロの郊外には、中米マヤ文明のピラミッドのような切り石で造られたスクー寺院やチュト寺院などのヒンズー教寺院があります。ソロの市街地の北一八キロにはジャワ原人の骨が発見されたサンギラン遺跡やトリニール遺跡などがあり、世界遺産に登録されています。ジャワ原人に関する博物館も近年整備され公開されています。

←

① カスナナン王宮
② カスナン王宮博物館
③ マンクヌガラン王宮
④ マンクヌガラン王宮博物館
⑤ ダナル・ハデイ博物館
⑥ ラジャ・プスタカ博物館
⑦ スクー寺院
⑧ チュト寺院
⑨ サンギラン遺跡
⑩ サンギラン博物館
⑪ トリニール遺跡

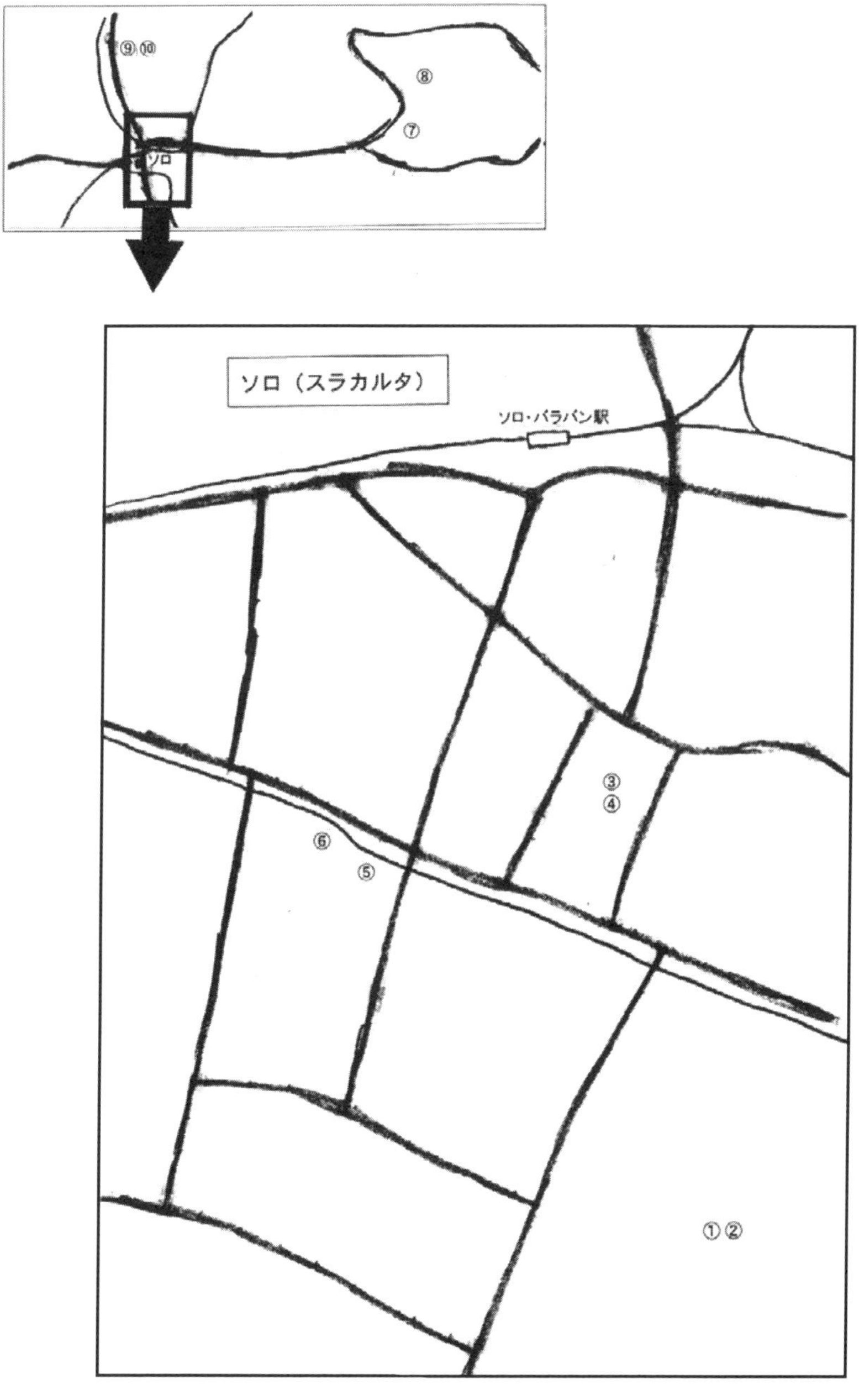
⑨⑩
⑧
⑦
ソロ
ソロ（スラカルタ）
ソロ・バラパン駅
③
④
⑥
⑤
①②

✳カスナナン王宮　Kraton Kasunanan

スラカルタ王宮とも呼ばれ、この街のシンボル的存在です。王宮の正面は現在閉じられていますが、コロニアル様式とジャワの伝統的様式の建物が融合しています。王宮の北と南にアルン・アルンという広場があります。王宮の周辺にはペチャという乗り物がたくさん停まっています。馬車や自転車に客用の台車を付けた独特のものです。

王宮内の建物の多くは平屋建ての瓦葺きです。長い塀に沿って高い塔があります。この塔には、王が最上階の部屋で女神に会っていたという伝承があるのですが、実のところは、隣接するオランダ植民地政府機関の動静を探るために王が上ったともいわれています。奥にある建物群は王宮関係者以外立入禁止となっています。現在は、二〇〇四年に即位した一三代目の王が住んでいます。

✳カスナナン王宮博物館　Museum Kasunanan

王宮ゆかりの宝物を展示保管する施設が王宮内にあります。

歴代の王の肖像画が掲げられ、下には朱塗りの豪華な椅子が置かれています。青銅器製品の展示では、腕輪、碗、鉢、鏡、動物形（馬）置物、水瓶、壺、仏具、鐘、仏像、盤など多様なものが見られます。また

カスナナン王宮入口

ガネーシャ像

王と王妃の人形レプリカの展示

ガネーシャをはじめとするヒンズー教の神々の石造彫刻も置かれています。

次のコーナーには王と王妃の人形レプリカや銅版画で王宮での暮らしが再現されています。ワヤン人形の展示では、影絵人形劇がどのように演じられているのかを実物大のジオラマで見せています。詳細な説明はないのですが、伝統芸能の展示はかなり充実しています。とくに仮面は種類も多くかなりの量集められています。おどけたもの、怒りや悲しみの表情のもの、さらには歓びの顔をしたものなど個性的なものばかりです。伝統芸能には欠かせない楽器のコーナーでは、銅鑼や弦楽器が展示されています。さすが王宮の楽器と感心するほど細かな細工が見られます。

貴族階層には不可欠な武器であるクリスもさまざまな形、大きさのものが集められています。クリスは二〇〇五年に世界無形文化遺産に登録されました。製作工房の写真を見ていると日本刀づくりと共通点が多いことがわかります。椀や壺は仏器のようにも見えますし、真鍮製の製品もいくつか置かれています。小さな細工品は装飾品かもしれません。

✳マンクヌガラン王宮　Puro Mangkunegaran

初代のマンクヌゴロ王がオランダ植民地政府の力を借りて一七五七年に建設した王宮です。入口を入ると大きな広場と開放的なジャワ様式の建物があります。

マンクヌガラン王宮

プンドポと呼ばれる大理石の床が豪華な広間はガムランの演奏や舞踊が行われる舞台です。かつてソロ河が氾濫して水害になった時に水位がここまで来たことを示す痕跡が残されていることを案内のガイド嬢が説明してくれました。このガイド嬢は王宮内で唯一の日本語ガイドですが、宮廷舞踊の踊り手として伝統芸能を継承しているそうです。

建物の奥には、王宮祭祀に使用されるダレムと呼ばれる広間があります。左右の壁には王と王妃、王の母の肖像画が掲げられています。床が一段高くなったところには神殿がありますが、「プライベート」と書かれているため、王族や関係者以外は近づけません。左右に小部屋がいくつもありますが、現在も王族が住んでいるので公開されていません。

✺マンクヌガラン王宮博物館 Museum Puro Mangkunegaran

王宮内の建物の一部が博物館として公開されています。

ガラスケースの中に王族の宝飾品や刀剣、さまざまな種類のクリス、仏具、仏像などが展示されています。仏具類はヒンズー教関連のもので、王室の宗教であるイスラム教とは関係のないものばかりです。外側の廊下には美しい装飾を施した家具や陶磁器、仏像も置かれています。

宮廷舞踊に使用される仮面などを含めた王家のコレクションも見ることができます。また王族の女性がかつて居住していた小部屋、王室の家族が集まる部屋も公開されています。豪華な椅子や机を見ることができます。精巧な細工が見られる象牙が置かれ、その背後にはガムラン音楽の演奏風景をステ

マンクヌガラン王宮博物館

✳ダナル・ハディ博物館 Danar Hadi Museum

ソロ市街地にあるバテック専門店の付属博物館です。移転した工場の跡を店舗と博物館にしているとのことです。

七つの展示室があり、伝統的なバテックを基本的には布地の状態で展示しています。また陶磁器や調度品、家具などもインテリアとして整然とした展示が行われています。ガイドに従って見学するので、混雑時にはかなり待たされるようです。工房では手描きや判押しの工程の見学ができるようになっていました。

王族の女性の部屋

ガムラン音楽演奏風景のステンドグラス

ンドグラスで示した窓があります。窓の反対側には伝統的な絵画と黒檀の精巧な彫刻が飾られています。

最後の一室がミュージアムショップとなっています。プリントシャツやワヤン人形、ポストカードなどを販売していました。

ダナル・ハディ博物館

✳ラジャ・プスタカ博物館　Museum Radia Pustaka

ソロ地域の資料を集めたインドネシア最古の博物館で、建物は赤い瓦を葺いた平屋建てです。

建物の前に仏像などが雑然と並べられているのを見て展示室に入ります。ガラスケースに入ったたくさんの帽子、長い柄の笠がまず目に入ります。細かな装飾彫刻が施された椅子と机、五本斜めに展示された槍、糸繰り用の糸車、細長い川船、クリスや長い刀、陶磁器やガラス器、小さな青銅製の仏像、比較的大きな青銅仏立像、天秤秤や皿や鏡など青銅製仏具や祭祀用具などが見られます。ワヤン人形や操り人形、祭礼などで用いた仮面が集められ、ガムラン音楽の楽器が置かれています。王宮の建物模型や王墓の模型、王の乗り物として用いられた輿などもあり、農具の鎌や鉈のような刃物類も一つのケースにまとめられていました。

この博物館は実に多種類の展示品があるのですが、雑然と並べられているだけで、その価値が見る者に伝わってこないのが残念でした。

ガムラン音楽の楽器

クリスの展示

ラジャ・プスタカ博物館

✳スクー寺院　Candi Sukuh

スラカルタ地域のカランワニャールの裏山、標高一〇〇〇メートルの丘陵斜面に建設されたヒンズー教寺院です。最後のマジャワヒ王朝の一四三〇年に建てられました。石製の門の屋根の側面にガルーダが蛇を捕まえている彫刻があります。これはガルーダが生まれた時にまつわる神話から出ています。

寺院は三つの面で構成されています。門からすぐの第一面には門やいくつかの石像があります。二面にはとくに何もありませんが、三面目には様々な彫刻や建物などがあります。

石造彫刻

スクー寺院は中部ジャワ期と東部ジャワ期の中間に分類される遺跡です。七～一一世紀、独特な鬼瓦の文様を持つのが特徴としてあげられます。ヒンズー教ではリンガはシバ神を表現するものですが、ここではかなりデフォルメされています。女陰と男根が合体している場面をおおらかさに表現しているのですが、「エロ寺院」と陰口を言う見学者もいるようです。

石造彫刻を見ると木彫の手法で作られていることがわかります。ジャワがイスラム教になったことから、そこから逃げてきたヒンズ―教信者がこれらを作ったのです。しかし彼らには素朴な木彫技術しかなかったのではないかと考えられています。

スクー寺院

刀づくりのレリーフ

石像は一見すると、奈良県飛鳥地方の猿石のようにも見えます。日本でいうところの見ザル、言わザル、聞かザルの三猿の表現のようでもあります。飛鳥の猿石の起源もこのあたりにあるのかも……。

ガルーダの石像が比較的多く見られます。左手には女性の子宮が表現されており、内部に神が二人います。これらの神の誕生についても種々伝説があるそうですが、長くなるとのことで詳しくは聞けませんでした。

✳チュト寺院　Candi Ceto

スクー寺院から七キロ離れたラウ山西麓の山間部にあるヒンズー教の寺院です。スクー寺院とほぼ同じところに建設されたと考えられています。ヒンズー教の思想によってできたものではなく、土着の自然信仰などとの融合によって成立したものと考えられています。

門前の割門までの石段は長く、傾斜もきついためか登頂を断念する人もいるようです。割門までたどり着くと、奥の堂までを石段が結んでいます。割門から一～四面の平坦地が造られており、それぞれの面ごとに

チュト寺院

男根状遺構（シヴァ神）

特徴があります。第四面には、スクー寺院よりもさらに大きな男根が見えてきます。亀の石像が他の寺院よりも多く見られるのも特徴かもしれません。

さらに上方の二つの割門を越えて石段を上り詰めると本殿があります。本殿内にはシヴァ神の象徴ともいえるリンガが置かれています。

✳【世界遺産】サンギラン遺跡　Sangiran Site

古都ソロの北方約一二キロにあるサンギランは、水田や畑が広がるごく普通ののどかな農村です。しかしここは人類化石の出土地として世界的にも知られた場所で、自然人類学者で知らない人はいないでしょう。当時ヨーロッパで流行していた進化論に傾倒したユジューヌ・デュボアは、サルから人類への進化過程を知るためのミッシング・リンクをこの地に求めたのです。

一九三六年、オランダ人フォン・ケーニッヒスワルトが人類の下顎骨化石を発見し、大きな話題になりました。これがジャワ原人です。この地域ではこの後も、破片も含め一〇〇点以上の人類化石が見つかっています。顔面が復元された化石のピテカントロプス八号（サンギラン一七号）もこの遺跡から発見されました。なお現在もこの遺跡では発掘調査が継続されているそうです。

サンギラン遺跡

✺サンギラン博物館　Museum Manusia Purba Sangiran

　サンギラン遺跡のほぼ中心部の丘の上に建設された博物館です。ジャワ原人に特化した展示を行っています。博物館の駐車場のゲートは象牙で造られ、復元されたジャワ原人の顔の大きなモニュメントや等身大のブロンズ像が置かれています。

　博物館の建物はほぼ円形で、三つの展示コーナーがあります。展示コーナーの間をつなぐ通路には、原人化石が見つかった地層を見ることができますし、壁面に刻まれたジャワ原人の生活復元想像図も展示されています。

サンギラン博物館

　第一展示コーナーでは、原人の生活環境に関係するジオラマなどが展示されています。またサルからの進化過程を頭蓋骨の化石で示しています。かつてそこが海だった時から陸になってからの長い歴史を、同時期に生息していた象や水牛の化石によって解説しています。人類が登場した時代の環境のジオラマ展示、人類が使った道具の製作手法、石器などの出土遺物も展示されています。

　第二展示コーナーでは、世界各国の進化論学者の研究を紹介しているほか、直立猿人から原人への進化、人類の進化過程でのミッシング・リングをこの地に求めたユジューヌ・デュボアの業績などについての展示が行われています。人類の出現によって消滅していった動物として陸ガメが紹介され、狩猟風景の復元ジオラマも興味深いものです。また、化石の発掘を行っている様子を示すジオラマや、測量用の精密機械などの機材の紹介も行っています。このコーナーでは、原人よりも後の時代のサンギラン周辺の人類についても、近年の調査によって明らかになった成果を紹介しています。

原人化石が見つかった地層

復元された原人の顔のモニュメント

化石に触わることができる

最後の第三コーナーでは、頭蓋骨化石をもとに復元した顔を示しています。復顔法といわれるこの方法は、犯罪被害者の骨などでも試みられていますが、このような古人類に適用しているケースはそう多くはないでしょう。

✳トリニール遺跡　Trinil Site

ソロ川岸にあるこの遺跡から一八九一年一〇月に頭骸骨化石が発見されました。発見者のオランダ人デュボワによってトリニール二号（ピテカントロプス一号）と名付けられたこの化石は、進化のミッシング・リンクとして歴史的に重要な価値を持っています。さらに、その翌年に見つかった大腿骨化石（トリニール二・三号人骨）は現代人のものと形態的に区分出来なかったことから、デュボワによってピテカントロプス・エレクトス（直立猿人）と命名されました。

人類の進化―サルから人へ―

人類の歴史は、約五〇〇万年前アフリカで最古の人類である猿人が誕生したことに始まります。地質年代では第三紀鮮新世のこととされています。これ以前の中新世より以前は化石のサルと類人猿が生息した時代とされています。さらに二〇〇万年前には猿人から原人に進化し、第三紀の末から第四紀前期のおおよそ一一〇万年前頃にはアフリカからアジアに広がっていきました。この間、地球上はおおよそ五～一〇万年ごとに寒い氷河期と温かい間氷期を繰り返し、その気候は大きく変動してきました。

人類がほかの霊長類と根本的に違うのは、二足歩行すること、犬歯が小さく口がへこんでいること、脳が発達し頭が大きいことなどです。これらは同時並行で進化したのではなく、足、歯、頭の順に発達したとされています。脳の容量は五〇〇万年前から二〇〇万年前の猿人の時代にはチンパンジーとあまり変わらない四〇〇～五〇〇ccでしたが、原人ピテカントロプスの時期には八〇〇～一〇〇〇ccとなります。また六〇万年前に中国北部に住むようになった北京原人（シナントロプス・ペキネンシス）は一〇〇〇～一二〇〇ccあったとされています。彼らは能率的な狩りをし、火を使って暖を取ったといいます。その後原人は古代型新人（旧人）となり、脳容量も一二〇〇～一三〇〇ccとなります。旧人にはネアンデルタール人などがいます。さらに現代型新人（新人）の時代にはホモサピエンスと呼ばれる人類が登場します。クロマニヨン人や港川人などの化石人類と現代人がこれに該当します。

バリ島の博物館

ケチャック・ダンス

バロン・ダンス

インドネシア共和国はスマトラ島、ジャワ島、カリマンタン島、バリ島など大小一万七〇〇〇もの島によって成り立っています。そのなかでバリ島は最も小さなものです。位置的には、赤道の南、南緯八～九度で、平均気温二八度、平均湿度八〇パーセント、熱帯モンスーン気候に属します。島の面積は六五二五平方メートルで、大阪府の三・四五倍、京都府の一・四一倍、東京都の二・九八倍の大きさです。産業は米作りを中心とした農業、バテックなどの織物や木工、金工などの工芸品の製作が中心的なものです。農業では、その気候から年に二回以上収穫できます。水田地帯をいくと、田植えから収穫までを同時に見ることができます。二〇一二年には「バリ州の文化的景観」が世界遺産に登録されました。

インドネシアには多くの火山があり、噴火による被害も多く報告されています。バリ島もその例外ではありません。島の中央部には標高一七一七メートルのバトゥール山、三一四二メートルのアグン山という二つの活火山があります。バトゥール山は一九九四～二〇〇〇年に、アグン山は一九八三年に噴火し、多くの人的、経済的被害が発生しました。しかし、火山は人々に恩恵ももたらしています。島内には多くの温泉が噴出し、それを利用したスパ&リゾートなど観光産業が活況を呈しています。

バリ島の宗教は住民の八五パーセント以上がヒンズー教で、残りがイスラム教、仏教、キリスト教などです。バリ・ヒンズー教は、インドを源流とするヒンズー教や仏教、島内各地の祖霊信仰などが混ざり合った独特な形態をとっており、日本の状況に似ています。このあたりが日本人が親しみを感じる所以かもしれません。バリ・ヒンズー教の総本山はブサキ寺院で、八世紀にはすでに存在したとされています。

バリではウブド地域を中心に、ヨーロッパをはじめ世界各地から多くの芸術家が移り住み、独自の芸術活動を行ってきました。代表的な作家のアトリエ・住居が美術館として公開されています。また現在も絵画制作に携わっている作家の作品を販売するギャラリーも多く見られます。

ジャワ島のジャワ原人同様、バリ島でも先史時代人の生活痕跡、石器や住居跡なども発見されています。

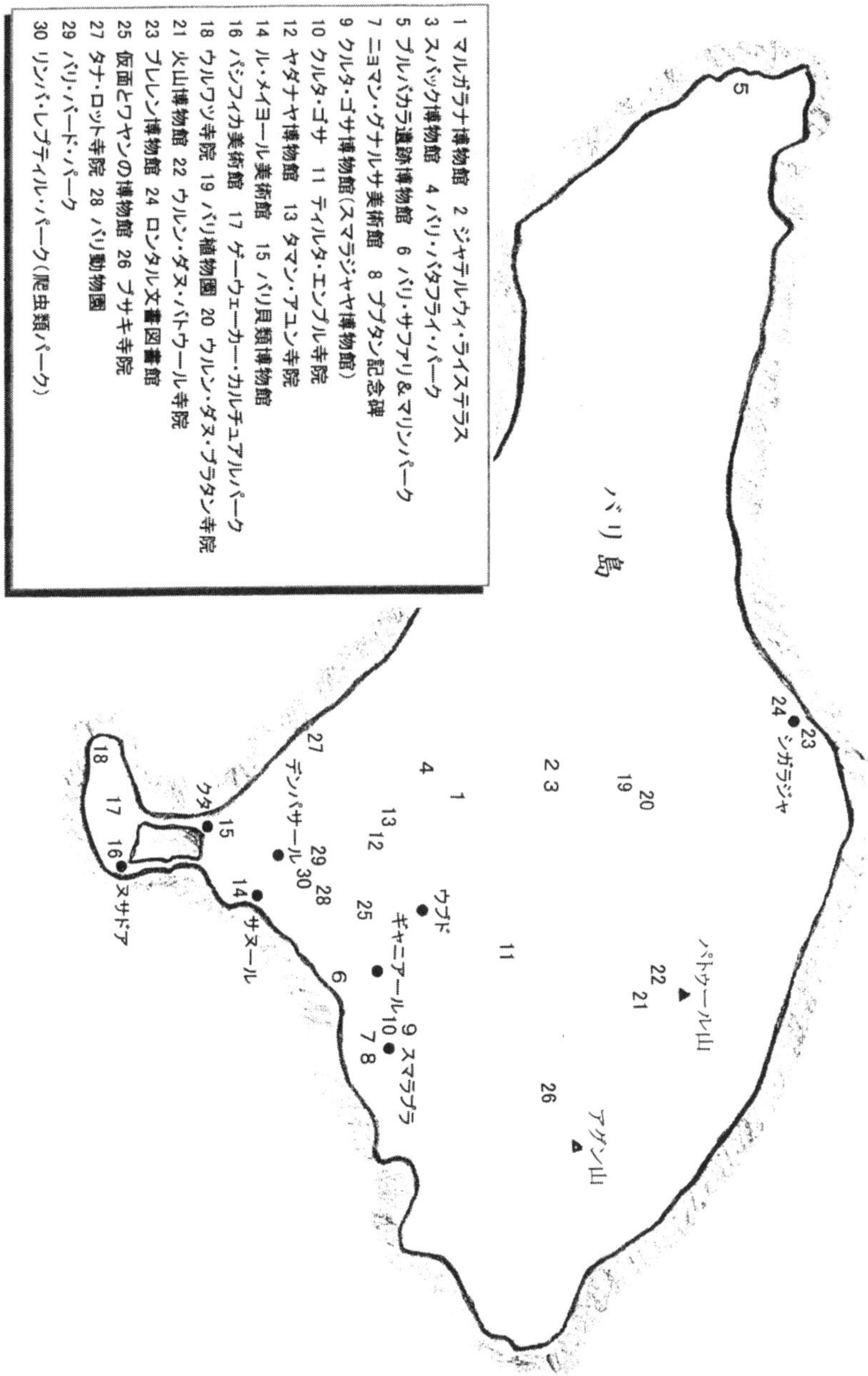
バリ島
シガラジャ
パトゥール山
アグン山
ウブド
ギャニアール
スマラプラ
デンパサール
サヌール
クタ
ヌサドア
1 マルガラナ博物館　2 ジャテルウィ・ライステラス
3 スバック博物館　4 バリ・バタフライ・パーク
5 プルバカラ遺跡博物館　6 バリ・サファリ＆マリンパーク
7 ニョマン・グナルサ美術館　8 ププタン記念碑
9 クルタ・ゴサ博物館（スマラジャヤ博物館）
10 クルタ・ゴサ　11 ティルタ・エンプル寺院
12 ヤダナヤ博物館　13 タマン・アユン寺院
14 ル・メイヨール美術館　15 バリ貝類博物館
16 パシフィカ美術館　17 ゲーウェーカー・カルチュアルパーク
18 ウルワツ寺院 19 バリ植物園 20 ウルン・ダヌ・ブラタン寺院
21 火山博物館 22 ウルン・ダヌ・バトウール寺院
23 ブレレン博物館 24 ロンタル文書図書館
25 仮面とワヤンの博物館 26 ブサキ寺院
27 タナ・ロット寺院 28 バリ動物園
29 バリ・バード・パーク
30 リンバ・レプティル・パーク（爬虫類パーク）

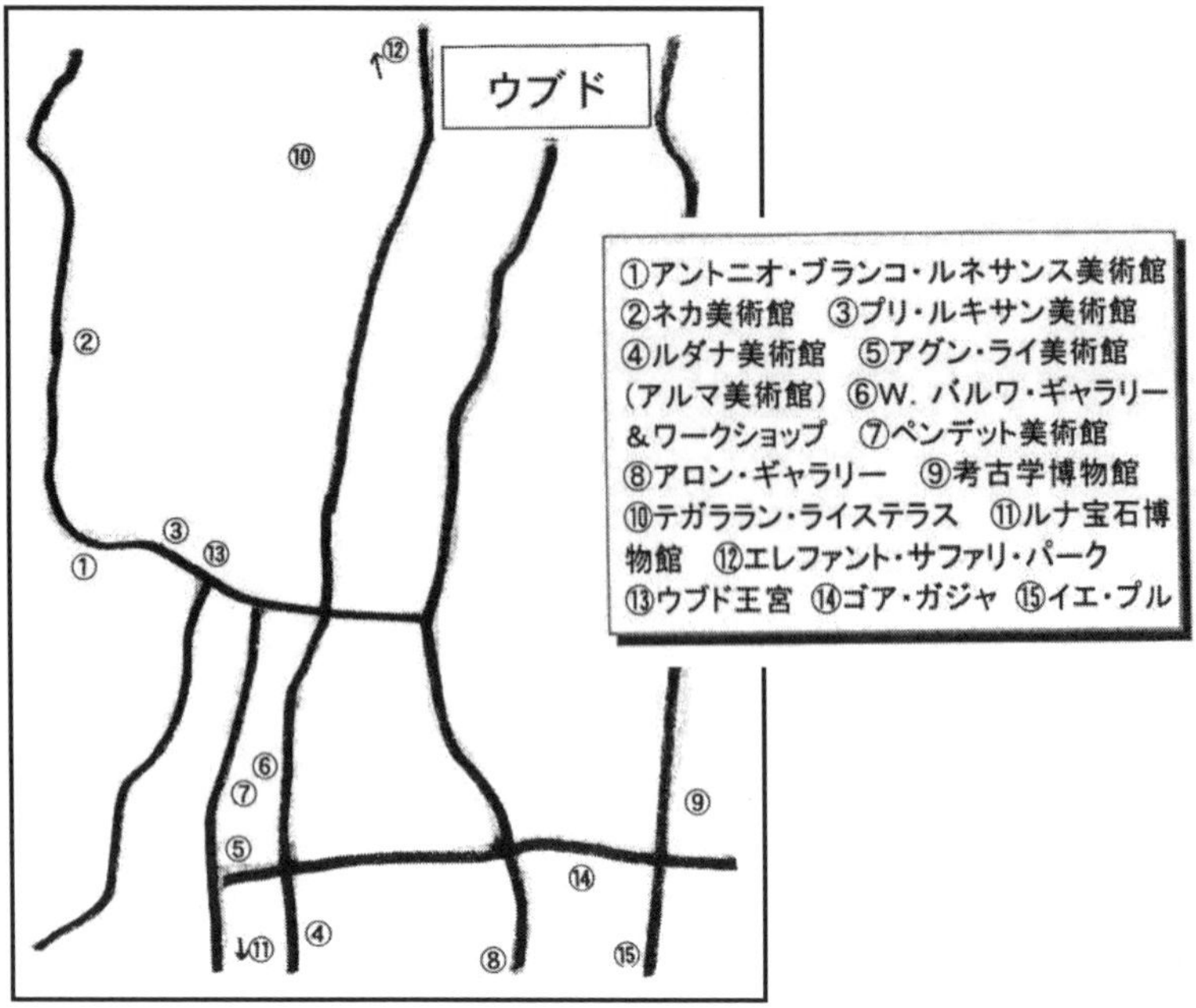
ウブド
①アントニオ・ブランコ・ルネサンス美術館
②ネカ美術館　③プリ・ルキサン美術館
④ルダナ美術館　⑤アグン・ライ美術館
（アルマ美術館）⑥W. バルワ・ギャラリー
&ワークショップ　⑦ペンデット美術館
⑧アロン・ギャラリー　⑨考古学博物館
⑩テガララン・ライステラス　⑪ルナ宝石博
物館　⑫エレファント・サファリ・パーク
⑬ウブド王宮　⑭ゴア・ガジャ　⑮イエ・プル

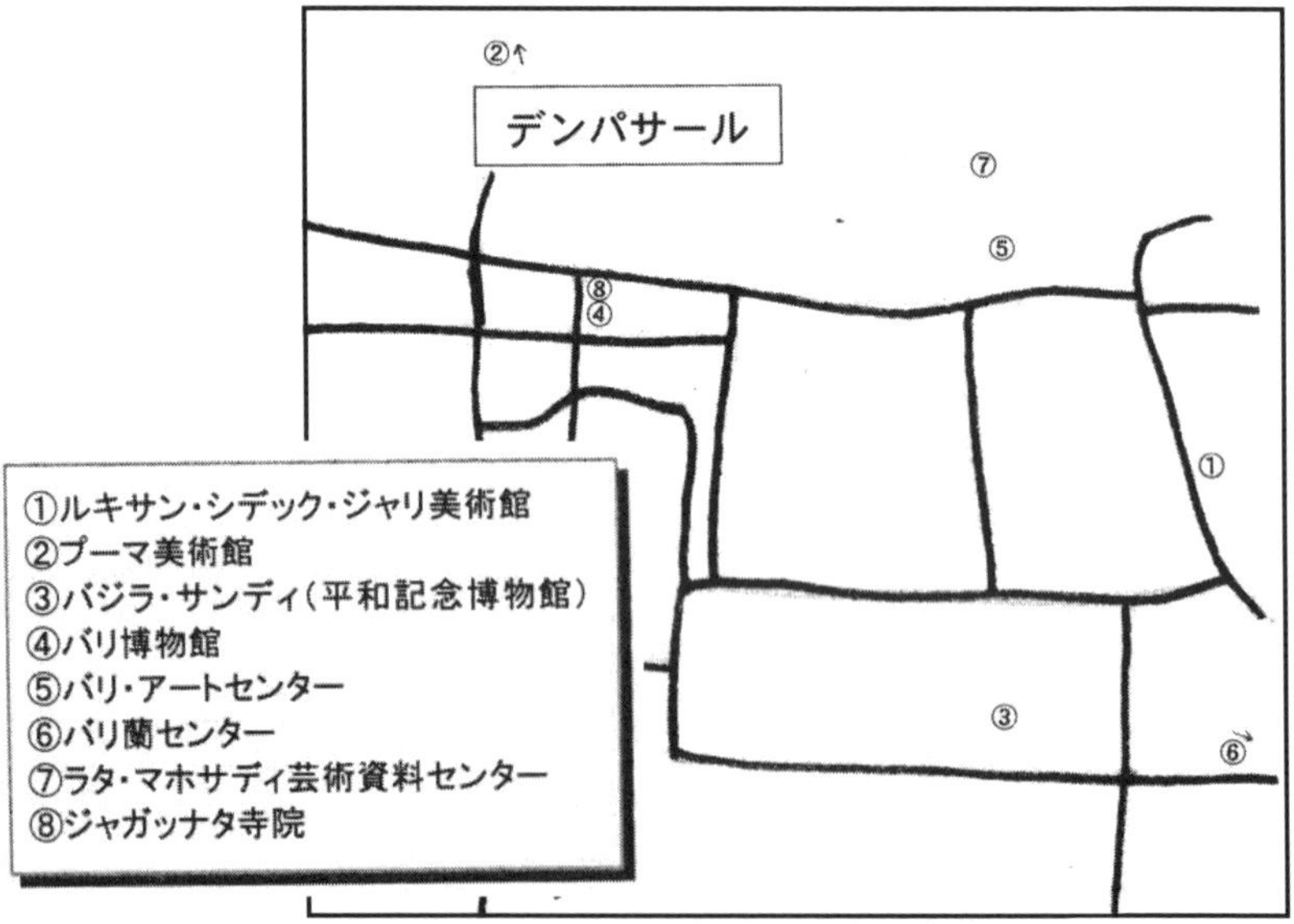
デンパサール
①ルキサン・シデック・ジャリ美術館
②プーマ美術館
③バジラ・サンディ（平和記念博物館）
④バリ博物館
⑤バリ・アートセンター
⑥バリ蘭センター
⑦ラタ・マホサディ芸術資料センター
⑧ジャガッナタ寺院

郵　便　は　が　き

料金受取人払郵便

本郷局承認

7277

差出有効期間
平成28年1月
15日まで

1 1 3 8 7 9 0

（受取人）

東京都文京区本郷 3-3-13
ウィークお茶の水２階

㈱芙蓉書房出版　行

ご購入書店

（　　　　区市町村）

お求めの動機
1. 広告を見て（紙誌名　　　　　　　　　　）　2. 書店で見て
3. 書評を見て（紙誌名　　　　　　　　　　）　4. DM を見て
5. その他

■小社の最新図書目録をご希望ですか？（希望する　　しない）

■小社の今後の出版物についてのご希望をお書き下さい。

愛読者カード

ご購入ありがとうございました。ご意見をお聞かせ下さい。なお、ご記入頂いた個人情報については、小社刊行図書のご案内以外には使用致しません。

◎書名

◎お名前

年齢(　　　歳)
ご職業

◎ご住所　〒

(TEL　　　　　)

◎ご意見、ご感想

★小社図書注文書(このハガキをご利用下さい)

書名	円	冊
書名	円	冊

①書店経由希望 (指定書店名を記入して下さい) 書店　　　店 (　　　区市町村)	②直接送本希望 送料をご負担頂きます お買上金額合計(本体) 2500円まで……290円 5000円まで……340円 5001円以上……無料

絵画・彫刻の博物館

世界各地から移り住んできた芸術家たちの代表ともいえる、ル・メイヨールやアントニオ・ブランコ・ルネサンスのアトリエや住居が美術館として公開されています。一方、バリ地方の芸術を愛し、保護・顕彰していこうとする地元の有識者やコレクターによる美術館も多く見られます。

さらに現在も絵画制作に携わっている多くの作家が居住し活動しています。彼らの作品を展示、販売するギャラリーも、数多くあります。彫刻もその材料に恵まれています。木材工芸の村を形成しているのがウブドに近いモス村です。ここで、木を素材とした家具や彫刻などが多く生み出されてきました。木彫作品などのギャラリーもさまざまなものが見られます。

✳ル・メイヨール美術館　Museum Le Mayeur　▼サヌール

バリ島の東側を南北に縦貫するングラ・ライ・バイパスを北へ向かって走ると、バリ島の南部リゾートエリアとして有名なサヌールに到ります。空港から車で二〇~三〇分程度で訪れることができるサヌール、ヌサドア、ジンバランなどのリゾート地が海岸線に沿って放射状にある人気のエリアです。

幅二メートルに満たない道は、サヌール・ビーチを散策するには恰好の道です。道沿いには地元産の木

ル・メイヨール美術館

ル・メイヨール美術館の展示室

メイヨール夫妻の肖像彫刻

彫細工や絵葉書などの土産物屋が軒を連ねています。黒っぽい火山岩を加工した割門と石塔があり、塀の屋根の上にこの美術館の名前を記した立派な看板が建てられています。

メイヨールはベルギーの画家で、一八八〇年に生まれました。ブリュッセルのリブレ大学を卒業後、第一次世界大戦を経験しました。中年になってイタリア、モロッコ、チュニジア、タイ、カンボジア、さらにタヒチへとゴーギャンのたどった足跡を訪ねる旅に出ます。一九三二年、五〇歳になっていたメイヨールは、バリの伝統舞踊の一つのレゴン・ダンスの踊り子であったニ・ボロックと出会い、ここに居を構え、二六年間絵を描き続けました。彼の日課は妻のニ・ボロックの肖像画や風景画などを淡いタッチで描くことでした。その作品には赤、青、緑の色が特徴的に用いられています。ヨーロッパの印象派のようでもあり、またバリの伝統的な画風も採り入れています。

塀に囲まれた敷地の入口を入ると、正面に瓦葺の平屋の建物があります。この建物は、一九三〇年代に建てられたもので、美術館としては一九五七年に公開・開館しています。建物側面の入口で靴を脱いで上がります。入口には左右に石造彫刻が置かれています。室内は床に赤いタイルが敷きつめられており、冷やっとした感覚が伝わってきます。

室内にはかつて夫妻が住んでいた頃の調度品が随所に見られます。朱塗りの八角形の机は、周囲に螺鈿調の装飾を施した豪華なもので、同趣の螺鈿細工の椅子とともに部屋の中央に置かれています。壁際には、上面を朱塗りし、側面には同様の装飾を施した低めの長椅子や六角形のテーブル、さらに渦巻き文様などの装飾を四面に刻んだ青色の脚付き物入れがあります。その上には口縁部の欠けた中国の四耳壺がぽつんと置かれています。

建物内部はバリ風で、壁には竹を網代状に編んだものが使われ、風がよく通るようになっています。各部屋を区切る重厚感のある木製の扉にもバリ風の彫刻が施されています。また天井との境の欄間のところどころにも見事な彫刻がはめ込まれています。それぞれの部屋を区切る扉にも何気ない細工や朱塗りが施されています。室内装飾の各部分にメイヨールのバリに対する思いが偲ばれます。

壁面にはメイヨールの描いた踊り子の絵が壁紙のように飾られています。もちろん、モデルの踊り子は妻のニ・ボロックです。腰をくねらせて踊る妖艶な女性に描かれています。

部屋の壁に大きな作品が三枚、また上下二段にわたって一〇枚の絵画作品が掲げられています。このほかにもメイヨール独特の淡いタッチで印象派風に描かれたバリの風景画、バリの祭礼、踊りなど様々な風俗を描いた絵を見ることができます。いずれの作品にも、題と製作年などが記録された銘板が付けられています。

このほか、夫妻の日常生活を撮った写真パネルもあり、二人で乗馬を楽しむ姿などが写っています。敷地内には、展示室の隣にメイヨールとニ・ボロックの石の上半身肖像彫刻が据えられています。夫人像はかなり新しく作られたようで、石の色調が異なります。石像の前の小さな池には紫の蓮の花が咲いています。その向こう側にアトリエとして用いられた簡素なつくりの平屋の建物があります。部屋の正面には三角形のイーゼルに、製作中のメイヨールの作品が掲げられています。さらにその前には二点のバリの神像彫刻が、朱塗りで周囲に細工のあるテーブルの上に置かれています。これは展示室で見たものとよく似た作品です。

メイヨールが一九五八年に亡くなって以来、妻のニ・ボロックは、この地を訪れる多くの観光客に自宅を美術館として開放してきました。彼女が一九八五年に亡くなってからは、自宅と全ての調度品、作品が国に寄贈されました。現在は、バリ州管轄の公立美術館として公開されています。

✳アントニオ・ブランコ・ルネサンス美術館

Museum Renaissance Blanco　▼ウブド

スペイン人画家アントニオ・ブランコの美術館は、深い谷に面した小高い丘の上に建てられています。丘の中腹にある受付からは階段を上ることになり、少し歩かねばなりません。受付の周りには竹が茂り、アジア的な雰囲気をかもし出しています。

板石の階段をのぼり、ようやく頂上の平坦地に到着しま

展示室前のオブジェ

す。オウムやインコの熱帯の鳥など様々な鳥が、ゲージに入れられていたり放し飼いにされたりしています。時折「ギャー」というすさまじい鳴き声がして、不意をつかれると飛び上がってしまいます。まるでバード・パークのようです。

アントニオ・ブランコの生涯について、美術評論家有地玲江氏の『素晴らしいVLANCO』から紹介してみましょう。

ブランコは、一九二七年九月一五日フィリピン、マニラで生まれました。両親はスペインのカタロニア地方の出身で、父はスペイン政府派遣の医者でした。彼は四人兄弟の次男で、幼い頃からすでにアーティストとしての才能を持っていたようです。十八歳でニューヨークの国立美術学校に学び、在学中にティファニー・フェローシップ賞などを獲得しています。やがて、二一歳の時に同級生の人形デザイナーのプリシラ・ピースと結婚しますが、健康を害し、温暖なフロリダで、一年間の静養生活を送ります。やがて夫妻はゴーギャンで知られるタヒチ行きを決めて出発しましたが、途中、船のエンジントラブルでハワイに滞在せざるを得なくなります。この地でブランコ夫妻は生計のため肖像画を描いて過ごしますが、結局夫妻は破局を迎えてしまいます。

展示室入口

ブランコは、安住の地をバリに定めて船に乗りますが、なぜか途中日本で下船します。

以後、東京に一年間滞在し、日本人の堤裕子をモデルにした作品をはじめ、お茶の急須に興味を持って描いた作品などを残しています。また様々なものに関心を示し、それらをスケッチし、一五〇点もの作品を描いています。また日本で彼は額縁の重要性を悟り、その木組みの詳細な製作法を日本人から学び、絵画と額縁の同一性の大切さを自覚したのです。

ブランコは再びバリをめざし、フランス客船マルセイユ号に乗船します。船上では後にカンボジアの元首となるシアヌーク王子と知り合い、プノンペンの宮殿に招待され、そこにしばらく滞在します。

一九六三年、ようやく彼が希望していた地であるバリに到着します。さらに船内で知り合ったバリ島民から紹介された旧バリ王国の旧王ラジャの邸宅に身を寄せます。その後、ラジャの許可を得てウブドに家を建てて住み始めます。

ブランコは自分の召使いであった一六歳の娘ロンジに恋をし、やがて結婚します。二人は一男三女の子どもを授かります。しかしその生活は貧しく、キャンバスを買うことが出来ず、シーツを破いて画布の代わりとして描き続けたことがあったようです。

敷地内を見渡すとブランコがデザインした、人間をかたどった大きなモニュメントが目に入ります。この異様なモニュメントをくぐると展示室です。展示室の内部は、外観とは異なり、ヨーロッパ・スペイン様式で、四本の大理石の円柱の上下には金の装飾が施され一層の豪華さを演出しています。

建物の二・三階フロアでも展示が行われており、中央は四階まで吹き抜けの構造で、天井部はドーム状で、赤、青、黄色のステンドグラスと鉄骨の黒という色彩のコラボレーションが楽しめます。最上階の窓から眺めると、なまめかしく踊るダンサーの彫刻が目の前に迫ってきます。

展示室は、作品間の間隔も十分にありますが、作品の題名や製作年次などの説明はほとんど掲示されていません。作品に関しての知識が必要な方は案内冊子を求めたほうがよいでしょう。

とくに目を引くのは、淡い色づかいでバリの踊り子を描いた作品です。これらの作品は、タヒチの女性を好んで描いたゴーギャンらの作品とちょっと似た雰囲気があります。

「バリのダリ」と呼ばれたように、アントニオ・ブランコはその容貌や日常の服装スタイルは奇抜なものでしたが、作風はダリのような激しいタッチのものではなく、繊細な印象を与える作品が多いように感じました。

展示室の先に、長らく使用していたアトリエを見ることができます。様々な絵具がこびりついた丸い大きなカンバスが中央に置かれ、周囲には乱雑に絵の具や筆が置かれ、ついさっきまでブランコが制作していたのではないかと思うくらいです。ここでは彼の息子のマリオ・ブランコが製作活動を続けているそうです。このアトリエは直接ミュージアムショップにたながっていて、マリオ・ブランコの作品が販売されています。このショップにはこのほかにもマグカップなどの定番のミュージアムグッズも売られています。

丘の上の台地にある建物の中には、アントニオ・ブランコが妻のために建てたというヒンズー寺院があります。草ぶきの方形屋根のこじんまりした建物です。

アトリエ

✳ネカ美術館　Museum Neka　▼ウブド

ウブドのサンギガン地区に一九八二年七月七日に開館した美術館で、バリの造形美術を収集展示しています。

この美術館は、元教師で、絵画作品のコレクターでもあるステジャ・ネカという人物によって設立され

ネカ美術館

展示室

ました。彼は芸術家の家系に生まれ、彼自身も芸術家です。父のワヤン・ネカは、一九七〇年に大阪で行われた万国博覧会のために三メートルに及ぶ大きなガルーダの彫刻を制作した、バリを代表する彫刻家でした。現在、このガルーダ像の彫刻はネカ美術館玄関の正面で見ることができます。

　芸術家の家系の中でバリ芸術に関心を深めていったステジャ・ネカは、バリの芸術界に名を残すルドルフ・ボネ、アーリー・スミットとの交流を通じて、審美眼を磨いていきます。そして一九七五年にボネとヨーロッパを旅行し美術館をめぐるうちに、彼自身の中にバリの芸術作品を保護するための美術館を設立したいという想いが強くなっていき、やがてその想いがネカ美術館として実現したとのことです。

　美術館は合計六つの展示館で構成されています。中庭の休憩室を囲むように四方に配置されている展示館は、それぞれ作者や作風、スタイルが異なっています。

　展示館１は、睡蓮の花が咲く人工池に面している建物です。ここはバリ絵画が、歴史的な流れに沿って四室にわたって並べられています。最初の部屋1aはワヤン（影絵芝居）の物語をテーマにした古典絵画です。マハーバーラタやラーマーヤナあるいはヒンズー教の神話などに題材を求めたものです。

1bでは古典から発展したウブド・スタイルのワヤンの絵画が展示されています。イ・グスティ・ングラ・クトウット・コボット（一九一七～一九九九）の「クルストラの戦い」が代表作として挙げられます。この絵は、マハーバーラタ叙事詩のなかの話を題材としたもので、邪悪なカウラー一族のカルナが異母兄弟である高潔なパンダワー一族のアルジュナと戦っている様子を描いたものです。

1cのウブド・スタイルは、一九二〇年代以降にウブドや周辺の村で発展したもので、ルドルフ・ボネらによってヨーロッパ絵画の技巧である解剖法、遠近法、陰影などが伝えられ作品に影響を与えました。

1dのバトゥアン・スタイルは、バトゥアン村に滞在した外国人が確立させたスタイルです。彼らは本国では芸術家ではなかったことから、西洋の影響をほとんど受けずに芸術活動をつづけることができました。その特徴は、暗い色を使いカンバスいっぱいに人物、景色などを埋め尽くすというもので、作品の鑑賞に慣れるには時間がかかります。

展示館2は、アーリー・スミット・パビリオンとも呼ばれています。この館の二階はアーリー・スミット（一九一四～）の絵画作品のみ展示されています。その絵をモチーフ化した「カジャ（バリ語で山側）からクロッド（海側）へ」または「山から海へ」という用語で知られています。代表的な作品に一九九四年に製作された「満月の儀式」があります。

この館の一階にはグラフィックから抽象的な表現主義までと、若手芸術家の作品が収集、展示されています。ここにはイ・クトウット・タゲン（一九四六～）の「祭りの行列」（一九八七年製作）があります。簡略化を指向したヤング・アチスト・スタイルの作品では、顔のない（表情のない）人物が描かれることがよくあります。この作品は黒の背景で、色は濃厚に表現されています。イ・ニョマン・トウサン（一九三三～〇〇二）の「三位一体」と題された作品は、ヒンズー教の三神を描いた抽象的な作品で、不思議なインパクトを持っています。

展示館3は写真展示室です。アメリカ出身の写真家バート・コークが一九三〇年代から一九四〇年代初めにかけてバリの日常生活を撮影した作品です。当時の祭礼や宗教儀礼のようすを知る重要な手掛かりとなっています。

展示館4は、伝統的バリ絵画の作者であったイ・グスティ・ニョマン・レンパッド（一八六二？～一九七八）の作品を中心に展示が行われています。レンパッドは、西洋絵画の影響を受けることなく、バリ庶民の話やインドの叙事詩をテーマに独特の技巧を駆使し、創造性とユーモアを表現した画家です。

展示館5は現代インドネシア絵画の展示室で、建物自体にも現代彫刻の装飾が施されています。現代インドネシア画家の作品を五つの部屋に分けて展示しています。

展示館6では「東西絵画の融合」というテーマが掲げられています。6aの展示館一階には芸術表彰を受けたインドネシアの画家の作品が、6bの二階にはバリで創作活動を行う外国人芸術家の作品が展示されています。6aではアファンデイの強烈な色彩と筆使いの作品に触れることができます。6bの二階では、オランダ出身のルドルフ・ボネの「ニョマンとクトウット」、同じくオランダ出身のウィレム・ジェラルド・ホフカー「ムニュン嬢の肖像」などの作品が展示されています。

また展示館5には、アブドゥル・アジスの描いた「惹かれあう心」という油絵作品が二つあります。一九七四年、一九七五年に製作されたとのことで別々の額に入れられています。男と女の姿を並べて展示してあり、左側の男性が右側の女性を覗きこんでいます。素朴な若人の淡い恋心が絶妙に表現されているように思えます。作品の背景が無地であることで心理的効果が高められているようです。この作品はネカ博物館の代表的なコレクションの一つで、館の図録の表紙を飾っています。

さらに展示館6、6bの一階にあるウィダヤッ（一九一三〜二〇〇二）の「桜の木」は、無数に伸びる小枝の先端にまで花を咲かせている桜を表現した作品で、すべての花の花びらまで丹念に描かれています。作者は、日本で陶芸と造園を学んだ経験があるとのことで、日本画の繊細さと神秘性を感じさせる作品です。

✳プリ・ルキサン美術館　Museum Puri Lukisan　▼ウブド

ウブド市街地のラヤ・ウブド通りを北に入ると、木々が茂る丘があり、市街地の喧騒とは全く別世界です。熱帯植物の緑に覆われた丘を登ると、目の前に藤棚と睡蓮の池がある庭園が拡がっています。池の中には女神が水の湧き出る壺を持っている石像があります。

一九二九年、オランダ・アムステルダム出身の画家ルドルフ・ボネがバリに渡来し、西洋芸術の理念、技術、材料を伝えました。彼はウブド王子のチョコルダ・ダデ・アグン・スワカデイと親交を結びます。一九三六年、ボネらは当時高名であった画家イ・ダステイ・ニョマン・レンパッドらとともに芸術家の協同体「ピタ・マハ」を設立しました。この「ピタ・マハ」はバリの芸術家の海外市場での作品の代表的なグループとして知られています。

さらに地元の芸術家創作のための議論の場所を提供し、バリ芸術の発展に多大な貢献をしました。一九五二年戦乱が終息した後、「ピタ

プリ・ルキサン美術館

池の中の女神石像

・マハ」の役割と理想とを継承すべくヤヤサン・ラトウナ・ワルタ財団が設立され、プリ・ルキサン美術館を創立しました。
　美術館は、一九五六年から正式に一般公開されました。その後、一九七八年にボネとスワカデイが相次いで死去しましたが、財団と美術館創設の精神は今も生き続けています。

　美術館の案内パンフレットには、イ・ダステイ・ニョマン・レンパッド、イダ・バグース・ニャーナ、アナック・アダン・グデ・ソブラット、イ・ダステイ・マデ・デブロッグの紹介があります。

　展示施設は蓮池を三方から囲むように三つの建物で構成されています。二つの常設展示館と特別展示館です。正面中央の展示室は建物Ⅰで、この美術館のコレクションのワヤン様式、レンバットの絵画、ピタ・マハ様式の作品が、また左手の建物Ⅱではヤング・アーティスト様式、現代の伝統的バリ様式の絵画作品が常設展示されています。

　正面の第一展示館には、ウブドとその周辺の村で製作された初期の芸術作品が集められています。古典的なワヤン・スタイルの絵画やレンパッドの素晴らしく精緻に描かれたインク画をはじめ多くの作品を見ることができます。

　このほかバリの村々で行われているバロンダンスやケチャックダンスなど観光客にもお馴染みのバリにおける伝統的な芸能もその描かれる主要な

展示室

テーマとなっています。

室内には六個の小型ケースが置かれ、黒檀、紫檀、マホガニーという当地の材料を用いた鳥や人物の木彫作品が展示されています。

第二展示館には若いバリの芸術家たちの作品がコレクションされています。それらは、モダン・トラディショナル・スタイルとも呼ばれるもので、鮮やかな色遣いが特徴的です。

第三展示館では、古典的絵画の展示も見ることが出来ます。右手にも建物があり、ここは特別展の期間にのみ使用される会場です。小規模なミュージアムショップがあり、飲み物などを求めることができます。

この美術館ではバリに展開する芸術活動を短時間に瞥見し、学習することができる貴重なコレクションが集められています。訪ねられることを勧めたいと思います。

✺ルダナ美術館　Museum Rudana　▼ウブド

インドネシアやバリの伝統的な古典芸術、現代芸術作品の蒐集、展示を目的としてウブド郊外に一九九五年に設立された美術館です。当地の政治家であり美術愛好家であるニョマン・ルダナとその妻ニ・ワヤン・オラシテーニによって創立されました。とくに、蒐集作品の文化的価値を高めるだけでなく、インドネシア芸術の持つ豊かさを国内外に知らしめ、昔からの習慣・文化を次世代に引き継いでいくため、美術教育の環境の整備を行ってきました。また夫妻は地元の学校の美術教育を支援をしつつ、東西文化の架け橋の機能を高めようとしてきました。

ルダナ美術館の展示室

二五〇〇㎡という広大な敷地に「Tri Angga（脚・身体・頭）」、「Tri Mandala（内宮・中宮・外宮）」というバリ哲学に基づいて建物は配置されています。建物は一六棟から構成されています。主要な建物は入口を入って左側にある展示館で、階段や建物の両端にはバリの神が刻まれた石像彫刻が置かれています。左右対称の芸術性豊かな建物です。右側にはギャラリー群の建物があります

展示館へは正面の階段から二階フロアに入ります。内部は三フロアから構成されており、一・二階フロアには、一八四〇年代のバリで用いられていた作業暦をはじめと四〇〇点以上の伝統的絵画および現代インドネシア美術の作品が収集・展示されています。とくに一〇〇頭の馬を表現した木彫作品はその精巧さに感心します。

絵画作品の展示

代表的なコレクションとしては、アファンデイ、パスキ・アブドラ、ニョマン・グナルサら画家の作品や、バリに居住した、アーリー・スミス、アントニオ・ブランコ、イイヤマ・タダユキ、ポール・ハスナーの描いた作品などがあります。

三階フロアにはイ・グステイ・レンパッド、イダ・バグスらウブドの伝統的絵画の巨匠たちの作品が展示されています。

各フロアの窓から館外を眺めると、そこにはウブド郊外の水田が広がっています。かつては日本のどこにでも見られた田舎の風景のようで、気持ちが安らぎます。

✳アグン・ライ美術館（アルマ美術館）

Museum Agung Rai（ARMA）　▼ウブド

ウブドの南、プンゴセカン地区にあり、アグン・ライ・ミュージアム・オブ・アーツのそれぞれの頭文字をとってＡＲＭＡ（アルマ）美術館とも呼ばれています。この美術館は、ここは単なる美術館ではなくビジュアルアートとパフォーマンスの拠点として一九九六年に設立されたとのことです。

ここでは絵画の展示はもとより、演劇、舞踊、音楽の上演、演奏、絵画教室やワークショップなどの活動が行われています。美術館の敷地は広く、多くの樹木が植えられ、熱帯らしい赤や黄、白、紫という色とりどりの花が咲きほこっています。

展示室

この美術館は、バリ絵画の収集家アグン・ライ氏のコレクションを中心に、アルマ財団の収蔵する作品を公開しています。

アグン・ライ美術館

展示品には、樹皮に描かれたカマサン様式の古典、一九三〇～一九四〇年代のバトゥアンの画家たちの作品、バリの巨匠レンパッドやイダ・パグース・マデなどの作品のほかバリに在住した外国人アーティストの作品などがあります。なかでも一九世紀のジャワの画家デン・サレ・シャリフ・

「日本の少女」

「月食」

「黄金の米」

「ジャワ貴族と妻の肖像」

プスタマンとドイツ人画家ワルター・シュピースの絵画が有名です。シュピースは、バリの芸術文化に大きく影響を与えた人で、彼の作品をバリで見られるのはこの美術館だけです。

本館の二階にあるイダ・バグース・アノムの「カラ・ラウー（月食）」と題された作品は、一九三〇年代に製作されたものです。月食という自然現象を、月をかじる神による現象であるという説話で表現したユニークな作品です。

西館一階の奥の壁にラデン・サレが一八三七年に描いた「ジャワ貴族と妻の肖像」という作品が掲げられています。ジャワの貴族階層の男性とその傍らに立つ妻を描いた肖像画です。世界的にもよく知られた作品です。

「魚を獲る蛙」

同じ展示館には中部ジャワ在住のR・スルディが一九五一年にカンバスに油彩で描いた「日本の少女」という作品があります。着物を着た美しい女性と、その横に能面「翁」を配した独特の構図で仕上げられた作品です。少女像とあるのですが、結っている日本髪と描かれた年代から、モデルの女性は花柳界の女性ではないかと思われます。

同じ展示館にはマデ・ケドルの「黄金の米」と題された一九五〇年の作品があります。三〇〇センチ×一二〇センチ、画面の厚さが三センチという大型の作品です。この作品は黄金色に実った稲田を表現したものですが、その表現法に特徴があります。キャンバスに油彩、その上に毛糸のようなものを張り付けています。近づくと実に立体的であることがわかります。

イ・クトウッ・ルギッの「魚を獲る蛙」と題された作品には日本の

鳥獣戯画のような滑稽さが表現されています。蛙が魚を獲るということ自体異様な光景ですが、船の上から釣りをする蛙も表現されています。この擬人化された蛙のデザインは水面の波の描き方とともに独創的です。製作年代は不明ですが作者の生年から見て二〇世紀の後半と見てよいでしょう。

このほかにも、建物中央の天井部分の壁画にはバリの伝統的な手法によって描かれた絵画が見られます。また、コンテンポラリー芸術といわれる現代的な抽象画も多く見られます。

✳W・バルワ・ギャラリー&ワークショップ

W.Barawa Gallery and Painter Workshop ▼ウブド

バリの絵画を現在のように発展させたのは、ヴァルター・シュピースやルドルフ・ボネら海外からバリに憧れてやってきた外国人芸術家たちでした。

ワヤン・バルワは、グステイ・コボットが教鞭をとるウブドの美術学校で学び、一九五六年にルドルフ・ボネが率いる画家協会の一員になった画家です。彼は二〇人の地元の新鋭画家達に教える傍ら、一九六三年、このギャラリーの前身である絵画スタジオを開設しました。現在、ウブドには小規模な個人ギャラリーが数多くありますが、その中では最も設立時期の早いものです。

バルワは一九三三年生まれで芸術村ウブドという恵まれた環境で育ち、創作活動を行ってきました。彼の作品は、このギャラリーのほかに、プリ・ルキサン美術館、バリ・アート・センターなどにも展示されています。

なおギャラリーは、現在、息子のニョマン・ウイアルタに引き継がれています。

✳ルキサン・シデック・ジャリ美術館

Museum Lukisan Sidik Jari　▼デンパサール

デンパサールに一九九三年に創立された美術館です。右手の赤い瓦葺の平屋の建物が展示室です。タイル貼りの床は白く、壁面から天井まで白で統一されています。壁面には絵画作品や写真が詰めこみすぎと感じるほどぎっしり展示されています。画家ルキサン・シデック・ジャリ自身が、指先で絵の具を押しつけて描くという新しい手法で描いた作品を中心に集められています。画面には無数の点が残されており、全体に霧がかかってかすんでいるような、何とも不思議な世界なのですが、背景の人物像や景色はしっかりと描かれています。

ルキサン・シデック・ジャリ美術館

アトリエ

　敷地の奥にアトリエがあり、その奥にはバリの家庭にはよく見られる家寺院があります。

　アトリエは白いタイル貼りの床で涼しそうです。木製の机と椅子のセットが三つ置かれています。隣の部屋では一人の女性が作品を低い机において前で作業していました。アトリエの周りには完成作品を干しているのでしょうか、壁面を埋めるように作品が吊るされていました。

✺ペンデット美術館　Museum Pendet　▼ウブド

この美術館は一九九九年イ・ワヤン・ペンデットによってウブドに創設され、二〇〇二年に公開されました。展示室の床面は白か茶色のタイルで覆われており、靴を脱いで館に入ると、足の先から心地よい冷たさが伝わってきます。

最初の部屋は白いタイルの床面で、グレーの展示台の上にペンデットの彫刻作品が置かれ、隅に説明板があります。床には竹製の長椅子があり、座ってゆったり観賞することもできます。

壁面にはペデットが描いた抽象画が掲げられています。「牛と遊ぶ」（一九九四年）と題された作品は牛と戯れている？現地人を描いたユーモラスな水彩画です。

次の展示室では昆虫などの小さな彫刻作品が見られます。地元の神話伝承に題材を求めた、ビシュニ神の乗り物怪鳥ガルーダをなどの彫刻作品があります。このガルーダ像は、首から下は人間の姿で、両手の代わりに翼を広げており、尻尾や足先は龍のように表されています。二つが対となる仮面の彫刻作品（一九八三年）は、一面ずつ額に入れられて壁面に掲げられています。

展示室

ペンデット美術館の案内板

次の展示室には鹿や水鳥、猿、馬などの動物の彫刻があります。どれも独特なユーモラスなポーズで表現されています。中央の展示台には怪物の頭部を吊り下げて運ぶ二人の様子を表現した「支配」（一九八七年）という作品が置かれています。

また館の外にはほかの彫刻家の石彫作品もいくつか置かれています。

✳パシフィカ美術館　Museum Pasifika　▼ヌサドア

バリ島のヌサドア地区に二〇一一年一〇月に開館した大きな美術館です。建物は明るい煉瓦色に外壁が塗装されており、いくつかの建物が中庭を囲む正方形となって連続しています。左右と奥の建物が展示室です。

この美術館には絵画、彫刻、織物のコレクションが展示されています。展示室入口の正面には、両手を広げた高さ一・二メートルの石像があります。これはインドネシアの中央ヌンバ地方からのもので、目鼻立ちがシッカリとしており、体に独特な文様が刻まれています。制作時期は表示されていませんが素朴な魅力ある作品です。その右手には織物のデザインが集められています。横長の布は両端に唐草のような文様が配置され、中央部分には縦縞の細かな線が織り込まれています。

左手はレセプションで、ここが総合案内とミュージアムショップ

パシフィカ美術館

となっています。図録などの冊子は販売されていますがミュージアムグッズの種類は少ないようです。ここで入館料を払います。

展示室は全部で一一の部屋に分かれています。

第一室はインドネシアの芸術家たちの作品展示です。ここではバリの伝統的スタイルであるカマサン様式と呼ばれるものからスタートします。戦前のバリ在住の芸術家の集団サヌールグループ、バトゥアングループのコレクションとしてイダ・バグス・ニョマン・ライ（一九一五〜二〇〇〇）、イダ・バグス・マデ・プグ（一九一九〜二〇〇六）のほか、アファンディ（一九〇七〜一九九〇）の作品も展示されています。

玄関ホールの展示

第二室はイタリア出身の芸術家の作品展示です。著名な芸術家としてはロムアルド・ロカッテイ（一九〇五〜一九四三）がいます。彼にはバリのレゴンダンスを踊るダンサーを油彩でカンバスに描いた「レゴンダンサー」（一九三九年）という作品があります。またエミリオ・アムブロンも知られています。彼は一九三九年にバリにやってきました。水彩画、油彩画、彫刻などに余すところなく才能を発揮しています。

第三室はドイツ人芸術家のコーナーです。植民地時代にはアントン・パヤン（一七九二―一八五三）など、第二次大戦後にはウィリアム・ホーカー（一九〇一―一九八一）などの活躍が知られています。

第四室はフランス人芸術家のコーナーです。ガブリエル・フェランド（一八八七―一九八四）、グスタフ・ベッテンガー（一八七二―一九一四）のほか、コンテンポラリーアートとしてはアロイ・ピリオコ（一九三五―）などが知られています。とくにアロイの「バリのフルート」（一九六九年、カンバスに油彩）は、フルートを吹くバリの女性二人を描いたものですが、かなり独創的なデフォルメで表現されています。

第五室はインドからヨーロッパの芸術家たちのコーナーです。スイス人の画家であるテオ・メイヤー（一九〇八～九八二）の「二人の座ったバリ娘」（一九四一年）が注目です。

第六室は特別展示室、第七室は、ラオス、ベトナム、カンボジアの芸術家たちのコーナーです。ハノイの芸術学校出身のアンドレ・マイレ（一八九八―一九八五）の作品には「読書するアジア女性」（一九七〇年、板に油彩）があります。

第八室はポリネシアンルームで、ポリネシアの芸術家の作品が中心に展示されています。リトグラフや木版画、石像彫刻、木像彫刻などの作品があります。

第九室はバヌアツや太平洋諸島の作品などが展示されています。

部屋の中に隙間のないほど並べられた木彫作品は人間をかたどった縦長の人形のようものが目立ちます。また全面が一つの顔である盾形の彫刻作品はユニークです。また彩色されたものは少ないのですが、大きく口を開いた顔とか動物を表現した作品には色が塗られています。このほか長さ一メートル前後の動物の形をした物入れ、素焼きの赤褐色の壺形土器が四個置かれています。槍のような武器なども展示されています。窓際に置かれたガラスケース内には貝や石で作られた腕輪や首飾りなどの装飾品が並べられています。またポリネシアのコンテンポラリー芸術家の油彩作品も壁面に掲げられています。

第十室はインドネシア及びタパ地域の織物についての展示です。サモア、トンガ、フィジーなどの文様のある布が展示されています。

最後の第一一室はアジアンルームです。ここにはタイ、マレーシア、フィリピン、日本などを題材にした作品が集められています。タイでは寺院の踊りを描いたイギリス人画家ヒルダ・メイ・ゴールドンの作品、マレーシアではアンドレ―少年をモデルに油彩画、テラコッタに栽植の作品を残したチナ・ウェンチエスター、ジュリアス・ウェンチェスターの作品があります。日本をテーマにしたものではアドリアン・エマニエル・マレーの「化粧のひととき」（一八七三年）があります。着物と羽織を着て日本髪を櫛で直す日本女性を描いたもので、壁には富士山と鶴の軸が架けられ、鏡台と紅梅の花の盆栽が脇に置かれています。そのほか芸者を描いたローランド・ストラスサーの作品などがあります。「芸者」となっているのですがモデルは、どうみても歌舞伎役者のようですが……。このほかインドネシアのバテックに代表される布織物についても、トラジャ、セレベス、西ロンボク、スマトラ、バリの各地区で織られた作品がコレクションされています。

この美術館では、バリ以外の作品もコレクションし、別の角度からバリ芸術を見直すヒントを与える展示内容となっています。バリでは最も新しい美術館であることから、展示も洗練されています。リゾートホテルの建ち並ぶ地区にあって異彩を放っています。

民族資料の展示

✺プーマ美術館　Museum PUMA　▼デンパサール

美術館の建物は屋根の中央に羽を広げた鷲彫像があるユニークなもので、一九五四年に開館しました。この美術館のオーナーはホテルも経営しており、見学をするには、裏のホテルに回らなければなりません。インドネシアの島々から集められた民族資料を展示している美術館です。

展示室は一・二階のフロアから構成されており、二階フロアは一階と吹きぬけ構造となっているため、壁面のケースで展示が行われています。

一階フロアの中央の展示台には水牛の頭部の木彫があります。頭頂部には立派な角があり、頸部分まで白と黒で塗られています。祭礼に用いられたものとされています。三人が肩を組んだように飾られている人物の上半身像は、トラジャ地方のもので、人の死の儀式に用いたものです。半纏のような赤い布が被せられており、その顔の表情もそれぞれ異なっています。このほか妊婦を表わした石像や猿の石像などが見られます。

日常生活と関連する資料では、先史時代のものと見間違えそうな、柄のある石製の斧は、現代に近い時期に使用されていた道具です。天秤はかりには、金属が用いられています。編物では物入れがありますが、その出来栄えは素晴らしいものです。狩猟道具では、木製の槍や楯などが展示されています。楯は色あざやかな文様が施され、実用品というよりは装飾品のようです。

櫛はいくつか種類がありましたが、いずれも透かし彫の彫刻が細かく装飾品としての出来栄えは最高のものでしょう。首飾りは細かなビーズ玉を編み上げたもので、木製の鳥が付いています。

鳥は、民族資料の中では多く見られるモチーフの一つですが、ここでも鳥を表現した作品は多く見られます。家の周りに鳥形の装飾を建てた例は中央アフリカなどでも見られますが、この地域で

プーマ美術館

冠

牛の頭部の木彫

人物像

人物像

武具

トラジャの木製人形

も同様な用途で用いられていたのでしょう。日本でも弥生時代の遺跡などから鳥型木製品が出土する例があります。

土器では素焼きで文様を施していない壺や少し色を加えた装飾土器の壺、あるいは全体に複雑な幾何学文様を刻んで入れている手の込んだ細工のある壺など様々な作品が見られます。

✺ニョマン・グナルサ美術館　Museum Nyoman Gunarsa　▼スマラプラ

鉄筋コンクリート造り三階建ての堅牢な建物がこの美術館の本館です。一九九四年にニョマン・グナルサによって設立、開館しました。その後、改修工事を行い今日に至っています。広い敷地には五棟の建物があります。

本館の左手奥には保管庫、スタジオ、コンテンポラリー芸術のためのオープン・ステージ、さらに少し離れて付属寺院があります。道を隔ててギャラリーとコーヒー・ショップがあります。

本館では伝統的な古典作品や民族資料、グナルサの作品の展示が行われています。一階フロアにはバリの伝統的な手法で古代神話マハーバーラタの中にある戦いの様子を描いた絵（一九〇〇年制作）が巻物のように続いています。幅は二七センチ、長さは三メートル七五センチありま す。このほかバリの貴族が護身用に持つ短剣クリスのコレクションでは、鞘に色あざやかな文様を施したものがあります。これを持っていた人はかなりお洒落だったのでしょう。

ニョマン・グナルサ美術館

マハーバーラタの中にある戦いの様子を描いた絵

短剣クリスのコレクション

バロン・ダンス用の大きなバロン

ワヤン影絵人形

ガムラン音楽の楽器

二階フロアにはバロン・ダンスで用いられる大きなバロンが置かれています。日本の獅子舞の獅子によく似ています。

このほかヒンズー教の神話に登場する神々の木彫作品などが、ぎっしりと並べられています。赤く塗られたものから塗装されていないものまでさまざまな怪鳥ガルーダの木彫があります。

壁面のケースには、ワヤン影絵人形が数十点集められています。このフロアには大量のワヤン人形があるのですが雑然と展示ケースのなかに保管してあるだけのようです。

三階フロアには、二階よりやや小型のバロンが置かれています。ガムラン音楽の楽器もフロアに直接置かれていましたが、埃をかぶっています。

また博物館の名前にもなっているグナルサの絵画が階段の壁面に二枚掲げられています。一つは緑を基調に踊りを描いたもの、もう一つは赤を基調に笛を吹く女性を描いたものです。絵の題材はバリの伝統芸術です。

別館では、現代絵画の世界が展開されています。ミュージアムショップではカタログや本を購入することが出来ます。

この美術館に展示されている多くのバリ由来の文化財は十分期待できる内容です。ただ、館内に野鳥が入って糞をしたり、貴重なコレクションがほこりをかぶっていたりと、管理に問題が多いようです。

✳アロン・ギャラリー　Galeri Alon　▼ウブド

バリ島の中央部のウブドに近いマス村は、島内でも知られる木彫の村です。この地域を通る道路沿いには製材所の作業場があり、その前にはうずたかく原木がつまれています。家具調度品や彫刻の材料となる

アロン・ギャラリー入口

柱や板材を重ねて乾燥させている様子も見えます。またそれらを素材とする芸術家の彫刻工房も多数見られます。

この地域で最大の木彫作品のギャラリーがアロン・ギャラリーです。ギャラリーの看板から建物まではやや距離があります。入口には大きな木彫作品が置かれています。ここには黒檀やマホガニーという熱帯産の材料を用いた神像や動物の木彫像などの作品が多数あります。

展示室は三部屋あり、ほかのエリアでは木彫作品の展示即売が行われています。このギャラリーの始まりについては明らかではありませんが、同行のガイドによると開設されて二十年以上は経過しているとのことでした。

戦争と平和に関する博物館

インドネシアは、中世にはオランダによって東インド会社が置かれ、以来そのアジア戦略の中枢基地として、また植民地として支配されてきました。さらに第二次世界大戦では、日本軍による占領も経験しました。やがて終戦によって民族独立の気運が高まる中、一九四五年八月十七日に独立します。インドネシアの各地にはその独立を記念して、多くの顕彰モニュメントや記念施設が建築されています。ここバリでも博物館として公開されているものがいくつかあります。

✳バジラ・サンディ（平和記念博物館）

Museum Bajra Sandi　▼デンパサール

まるでヒンズー教の寺院のようですが、宗教に関連する施設ではありません。

全てが石造の建物で、バリ・ヒンズー独特の立体的装飾が目立ちます。建物の内、外ともに階段が多く、脚力が必要です。黒っぽい火山岩を加工して造られたもので、威厳があります。

バジラ・サンディ

独立戦争でオランダと戦う兵士を描いた絵

中央の塔の部分は、ヒンズー教の僧侶が修法に用いる法具の形を模して作られているようです。密教で用いる法具の五鈷鈴と呼ばれる振鈴の形にも似ているように思います。

一九四五年八月十七日のインドネシア独立を記念して、塔の高さは四十五メートル、内部の柱は八本、階段は十七段と、独立記念日の数字と合わせています。

出入口は四方にありますが、正面側の入口には、独立戦争でオランダと戦う兵士の姿、上半身裸でバリ風の衣装で戦う兵士を描いた作品が、通路を挟んで壁に掛けられています。両者の描かれる時代は全く違いますが、いずれもバリでの独立の戦いを描いた作品です。

中は外からの自然光が入るので明るく、また熱帯の太陽の光はさえぎられるので、涼しく快適な状態で鑑賞することができます。建物の中心を高さ四十五メートルの円柱が貫いており、それを取り巻く急な螺旋階段は、塔の真ん中近くの展望室に通じています。塔の頂上へは通路はなく登れません。展望室からの眺めは現在のデンパサールの周辺の街並みが一望できるすばらしいものです。

中央の塔の周りにある円形の通路を使って、インドネシアの歴史を解説しています。分かりやすくするためにジオラマを多用しています。幅二メートル、高さ一メートルの長方形の窓の中にジオラマが設置されています。ジオラマのテーマは、石器時代の原人の生活から、各地の植民地解放運動、そして独立戦争を経てオランダから独立するまでのものです。さらに一角を区切って先住民族の暮らしや戦時中の様子などの写真パネルが展示がされています。

先史時代の石器や青銅器などの実物が並べられているコーナーもあります。解説のパネルは英語とインドネシア語で記述されていますが、ジオラマを見ればほぼその内容がわかります。亡くなった家族を石の棺に収めている様子を表わしたジオラマを見ると、考古学博物館で展示されている多くの石棺が思い起こされます。

ジオラマの多くは独立戦争や内乱など戦闘に関する場面です。他国から侵略され、常に抑圧されてきた民族が、その独立を勝ち取った喜びを、どうやって表現するかは、国によって異なりますが、ここではこのように立派な施設を建設することで、表しているようです。

✻マルガラナ博物館 Museum Margarana ▼タバナン

ウブドから車で二〇分程のところにあります。ここは独立戦争で犠牲になったバリ島民の英霊を称え、慰霊するための墓地に隣接する博物館です。入口には正面中央に怒りの表情で威嚇するサルの像があります。その後ろに煉瓦つくりの高い塔があり、その上に銃をとって戦う四名のゲリラ兵士の像のモニュメントがあります。広い芝生の広場の奥中央部には赤い煉瓦で造られた九層の六角形の慰霊塔が建てられています。

太平洋戦争終結後の一九四六年三月、かつての宗主国オランダが再びこの島に上陸します。これに対して激しいゲリラ戦が行われ、十一月二〇日には島西部のマルガにおいてグスティ・ングラ・ライ中佐が壮烈な戦死を遂げ、彼に率いられていた九四人のゲリラ隊も壊滅しました。その名は現

マルガラナ博物館

在のバリ島の国際空港の名前、ングラ・ライ国際空港（デンパサール国際空港の正式名称）として残されています。

　なおこのゲリラ戦には日本軍の残留兵が加勢し、ここで一一名が戦死を遂げています。彼らはその功績をたたえられ、この施設の裏側に並ぶヒンズー風の墓石に名前が刻まれ、丁重に葬られています。

日本人の墓碑

ゲリラ兵士の像のモニュメント

五万ルピア紙幣の拡大パネル

　展示施設は慰霊塔のある部分の右手、蓮の花が咲く人工池に囲まれた中にあります。建物は方形の屋根を持ち、中央に塔屋を伴うバリの伝統的な建物様式を踏襲したものです。

　展示室内部は中央に展示用の舞台が造られ、壁面にはライの写真や肖像画のパネルが掲げられています。展示物は多くはありませんが、ゲリラ戦で用いられた武器や軍旗、地形のジオラマなどがあります。ライの肖像が印刷された現在使用されている五万ルピア紙幣の拡大パネルなどが置かれています。訪問した時は、これがインドネシアにおける最高額紙幣でした。

　建物の側面には英霊墓地に通じる道があます。墓地には同じ形、同じ大きさの墓碑が整然と並んでいます。墓碑の中に日本人の名前を見つけました。「Y・T、宮崎県出身、享年二八歳、一九四六年一一月二〇日死去」とあります。その横には「T・A、長崎県出身、享年二七歳、」死去した日は全く同じです。並んで墓碑が建てられています。このほかにも日本人の墓碑はあるのですが、あまりにも数が多く、探すのはあきらめました。彼らの冥福を祈り合掌してその場をあとにしました。

✺ププタン記念碑　Monumen Puputan　▼スマラプラ

一九世紀後半以降オランダはバリへの侵略を開始しました。バリの王朝は次々とオランダ軍に攻められ、滅ぼされていきましたが、この地にあったクルンクン王朝は最後まで抵抗し、一九〇八年最後の抗戦である「ププタン」を経てついにバリ全島がオランダの支配下に入りました。

オランダとの最後の抵抗戦を記念して、スマラプラ王宮跡の北側にププタン記念碑が建てられています。黒っぽい火山岩製で、基壇部分には王家の生活やオランダとの抵抗運動などがジオラマで時の流れに沿って紹介されているとガイドブックに紹介されていますが、訪問時には公開は中止されていて、入れませんでした。

ププタン記念碑

考古学・民俗（族）学に関する博物館

バリは、宗教的にはヒンズー教ですが、その実態は土着の信仰や仏教などと融合したもので、バリ・ヒンズーと呼ばれます。インドなどのヒンズー教とは少し様相が異なるようです。宗教儀式に伴う様々な民俗行事や儀礼は民俗学に興味を持つ人たちから注目されています。またバリ島独特な芸能であるバロンダンスやケチャックダンスなど数多くのダンスが伝えられているのも魅力です。

インドネシアはジャワ原人の骨が発見されたことでも知られていますが、バリにも先史時代人の生活痕跡がみられます。やや時代がくだってからの石棺の登場も独特です。魅力の尽きない資料が見られる考古学・民俗（族）学に関する博物館を訪ねてみます。

✺考古学博物館　Purbakala Archaeology Museum　▼ウブド

ウブドの中心部から東に少し離れたところにある博物館です。隣にはバリ・ヒンズー教の寺院がいくつかあります。博物館の入口には左右に石像がそびえるバリ独特の割門があり、寺院と間違えそうです。

展示室は、小規模な地元の様式の建物で、AからKまで表示されてい

考古学博物館

ます。入口近くの建物がAで右廻りに番号がKまで合計十一コーナーがあります。堅牢な壁面のある建物もあれば、ただ屋根があるだけの簡略な建物もが展示施設として用いられています。

A館では旧石器時代を中心とする出土遺物が展示されています。インドネシアはジャワ原人で有名ですが、バリ島にも彼らの仲間がいたのでしょうか。磨製石斧は、一九六〇・一九六四・一九六五・一九七一年に行われた調査で発見されたと注記されています。石製腕輪は一九六一年の調査で出土したものです。ほかに打製石器や動物の骨で作られた骨格器などがあります。

B館の展示は農耕社会に入った新石器時代が対象で、土器、青銅器製品が置かれています。それぞれに出土地が書かれています。青銅製の仏像および仏具の展示があります。仏像には「一六世紀」という表示が見られます。仏具のうち鈷鈴の頭頂部の飾りは、花弁が開いたような形をしているものが多いのですが、ここでは牛が頂部にある珍しいものもありました。またガルーダ像が浮彫された銅板も見ることが出来ました。

展示館

石棺の展示

C館からI館までは、屋根があるだけのオープンスペースで展示が行われています。いずれも石棺が展示されています。各地域の村長クラスの人物が葬られたと考えられています。棺の前後には亀の形をした突起が見られます。日本の古墳時代の家型石棺に見られる縄掛け状突起に似ています。形はこちらの方がバラエティに富んでいます。C館の棺はジェンバラヤ出土のものです。D館に展示されている石棺はいずれもギャニアール出土と表示されています。

F館には石棺の突起が人頭形をしている例があります。それはビンタンクニン出土のものやベン、メラヤンなどから出土したものです。その右手にはタマンバリ村出土の石棺があります。この棺の突起は亀のように上に首を大きく上げた人頭の形をしています。死者を亀の形をした棺に納めて大地に埋めるという行為には、再び大地の胎内に甦ることに対する願いが込められていたと考えられています。

H館には他に比べて小さい石棺が五個置かれています。両端には上下に突起が一個ずつ付けられており、その内二つには突起に人頭が刻まれています。右端の石棺は最も小さく子供用のものと考えられます。

J館も方形の屋根を持つオープンスペースの建物です、ガラスケースに入ったロンタール文字（バリではじめて使用された文字）や銅鏡のほか八世紀の工芸品などの遺物が展示されています。

K館での展示は一三〜一八世紀に、中国との交流を通じて輸入された陶磁器が集められています。白地に呉須を用いて描かれた藍色の草花文様の染付(青花と呼ばれる)の製品が大半です。インドネシアは、かつて海のシルクロードと呼ばれた太平洋側の海路にあり、輸入された交易品が多く見られます。

館の一番奥には割門があり、寺院が設けられています。割門の手前右側に展示場があり、石像が乱雑に置かれています。

庭園の中央部には屋根のある建物に二つの展示台が設置され、石像彫刻や人骨の展示がありました。

博物館というと建物の中にケースが置かれ、そこに展示資料が置いてあるというイメージですが、ここでは多くの資料がオープンスペースの中に置かれています。多くが石製品であるため、保存管理に問題がないからでしょう。囲いもなく、自由に近づいて見学できます。ほかの地域では考えられないかもしれませんが、これもバリ島の人々のおおらかさの表れなのかもしれません。

✳バリ博物館　Museum Bali　▼デンパサール

ヒンズー寺院のジャガナタ寺院に接してバリ島全域の民俗を紹介する博物館があります。博物館の前には大きな広場があり、サッカーなど球技を楽しむ市民でにぎわっています。

この博物館は、文化的な意義のあるバリ島の工芸品などの国外流出を心配した一人のオランダ人居住者によって一九一〇年に設立されました。しかし、一九一七年の地震で建物が損壊してしまいます。一九二〇年代に再建されますが、これは保管用に使われたにすぎませんでした。一九三二年にドイツ人画家ヴァルター・シュピースと数人のオランダ人によってバリ島の文化財のために民俗博物館を作るという計画が立てられ、やがてこの博物館が創建されました。

博物館はバリ独特の建造物を模して造られたいくつかの建物に分かれています。また敷地内には割門、宮、寺、太鼓を吊るした塔などのバリ島の特徴的な建造物が配置されています。

入口の割門を入ってすぐ正面にある二階建てのコンクリート造りの建物が本館です。

バリ博物館

仮面の展示

織物製品の展示

一階には石製の槍や青銅製の道具類など先史時代まで遡る考古遺物が展示されています。

二階展示室には民俗資料が集められています。今でも祭礼にここに展示されている道具を使用している地域があるようです。祭礼の重要な行事である闘鶏の鶏を運ぶ美しい籠もその一つです。

タナナン様式の王宮の建物は北展示館です。タバナン王朝が支配したバリ南部の地域を中心とし、主として祭礼で用いられる衣装やさまざまな表情をした仮面が展示されています。これらは現地で伝えられる神話に登場するものです。

南側の展示館ではブレネン王朝が支配したバリ島北部の地域を中心とした展示で、主としてバテックなどの布や織機などの織物に関係するものが集められています。白と黒の正方形の文様は力強さを表すものとされ、石像などに巻かれています。

ここではその織物と織り上げている織機が展示されています。また糸車も見ることが出来ます。このほかにも美しい色に染め上げられた布も集められており、織物に興味のある方は満足される内容でしょう。

中央展示館にはガランガセム王朝が支配したバリ東部の地域を中心とした品々が集められています。この地域で行われる祭礼儀式とそこで使われる道具類のコレクションが豊富に展示されています。

✺バリ・アートセンター　Bari Art Centre　▼デンパサール

一九七三年にバリの伝統文化の継承と発展のために創立された施設です。センターには多くの樹木が植えられており、静かな環境の広い敷地内にアングラギニ（展示場）、アルダチェンダラ（野外劇場）、ケシュラナナワ（屋内劇場）の三つの施設が建てられています。

展示場は、美術館としての機能を果たしていて、バリの伝統的な絵画や工芸作品の展示が行われています。

一階にはバリの伝統的な描き方で描かれた絵画やコンテンポラリーな作品と木彫作品、象牙などが展示されています。とくに木彫作品は、よくこれほど精巧に作れるものだと感心させられる作品ばかりです。またさりげなく置かれている応接セットにも実に細かな彫刻が施されています。

バリ・アートセンター

バロンダンスの獅子像

木彫作品

二階では、絵画作品が壁面いっぱいに掲げられています。さらに祭礼行事で用いられる仮面には日本の能面のような面があるかと思えば、笑顔や怒りの面、さらには何ともいかめしい形相の面など実に表情豊かなものがあります。その隣には影絵芝居の人形が集められ、大きな横長の額に収められています。またガラスケースには、銀細工や金細工の作品が展示されています。バリでは銀細工も盛んで、ここでもその一部を紹介しているようです。

展示室の中央部にはバロンダンスでおなじみの獅子像とその横にピエロのような人物の像が二体置かれています。少し離れたところにも同じような獅子像が二体置かれています。獅子には日本の獅子舞のように中に人間が入って演じます。

周囲の壁に掲げられている絵画はバリの年中行事を示す暦です。種まきを始める日や草取りの日、収穫を始める日など、村の重要な行事や祭礼に関係する日程などが絵で表されています。

✺クルタ・ゴサ博物館（スマラジャヤ博物館）

Museum Kertha Gosa（Museum Semarajaya）▼スマラプラ

スマラプラ王宮跡の奥まったところにある平屋の建物が博物館です。一九九二年四月二八日にオープンしています。

まず左端の部屋から見ていきましょう。ここには径五〇センチ余りの銅製の銅鑼が八個置かれています。ガムランの一部と見られますが、ばらばらに並べられています。また石碑や石製のつくばいや土器の甕も同

クルタ・ゴサ博物館

芸術品の展示

クルンクン王朝時代の輿

じフロアで見ることができます。儀式用の石器もあります。クルンクン王朝時代に使われたとみられる輿や武器（槍・剣）があります。

また、この地方の人たちが使っていた民具があります。機織りの道具は座って布を織りあげていくもので、その過程を示した写真も展示されています。また塩つくりに用いた木製のトユもあり、製造過程の写真が添えられています。

さらに銀製の高杯や鉢、皿、壺などの王宮で用いられたとみられる器や祭祀用の高杯などがあります。いずれも表面には精巧な文様が施されていて、銀色に輝いています。また大小のコインが合計六四点集められています。バリの中で祭祀などに用いられたもので、中国からの輸入銭も含まれているそうです。そこに刻まれた文字は独特の文字のようです。

この博物館で目を惹くのは壁にかけられた一枚の絵です。バリ島で最後までオランダに抵抗したスマラプラ王朝の住民の姿が描かれています。機関銃や鉄砲を撃つオランダ兵、上半身裸で地面に倒れるスマラプラ王朝の兵士たちの姿があります。クリスなど伝統的な武器しか持っていない兵士に対しオランダ側の兵は近代的な銃で対抗しているのですから、勝敗は明らかですが、それでも抵抗する地元の兵士たち、そこには死体の山が築かれています。この絵は一九〇八年の最後の抵抗戦の様子で、バリ全土はこの戦いを最後にオランダの支配下に入りました。またこの部屋には、ニョマン・グナルサの油彩画もわずか一点でしたが展示されていました。

バリ島で最後までオランダに抵抗した住民の姿を描いた絵

建物の右手を曲がると、「アムバロン・コレクション」と表示された絵画資料展示スペースがあります。これはエミリオ・アムバロンの五〇年以上にわたる創作活動で生み出されたもので、六九点のコレクションがあります。彼は六五歳の時に四〇年にわたる油絵画家から突然彫刻家へと転身し、ブロンズ、大理石の彫刻作品の創作に没頭しました。展示室には一九四八年製作の「ブルーのターバン」と題したブルーのターバンを頭に巻いた上半身裸の女性の肖像画をはじめとして、デッサン、油画、彫刻等多彩な才能を発揮した作品が展示されています。

✳プルバカラ遺跡博物館

Museum Situs Purbakala　▼ギリマヌッ

バリ島の西端近く、バリ島とジャワ島を結ぶフェリーボートの発着場の近くで発見された広大な遺跡の一角に建てられた遺跡博物館です。博物館の建物は伝統的なバリ風の二階建てで瓦葺きです。正面左右に一体ずつの石像彫刻が置かれています。内部は三層の展示フロアで構成されており、壁面にはガラスケースが置かれ、出土遺物が展示されてい

プルバカラ遺跡博物館

ます。現在遺跡は埋め戻されて緑地として残されています。

一階フロアには、遺跡一帯から発掘された土坑状の墳墓などが展示されています。周囲の土砂ともに切り取って固められ、発掘された状態そのままの姿で展示されています。これらは遺構をそのまま切り取ってきた資料です。土坑墓のほかに石棺を用いた例も見られます。その蓋は花弁文様の装飾彫刻が見られる立派なもので、ほぼ完全な姿に復元されています。また土坑墓に葬られた人骨は良好な保存状態で、頭部から足先までの骨が残されています。土器が副葬されています。同じフロアには人骨の展示があります。子供のものと見られる骨は丁寧に復元され埋葬状態がわかるようになっています。破片となって発見された石棺も破片を接合して、かつての姿に近づけた状態に復元されています。

発掘された人骨

復元された石棺

中二階、二階フロアの壁面ガラスケース内には、大小さまざまな形をした石製の斧などの石器類が集められています。最上階のフロアには、銅製の大型の鏃や腕輪などが置かれ、その後ろのケースには金属製品の材料を製錬する様子が描かれたイラストパネルが掲げられています。また、ケースには指輪やネックレス、イヤリングなどの玉製の装飾品も展示されています。

三つの突起が特徴の土器は、その内

側で火を使う簡単な炉としての利用が考えられます。このほかに壺や皿、鉢など多様な素焼きの土器類が展示されています。これらの土器にはＢＣ三〇〇年という年代の表示がありました。

博物館の外は、広い平らな地面が広がっているだけなのですが、注意深く見ると地表面に、番号を記した杭がいくつもあります。この表示杭の地下から重要な遺構が発見されたことを示すもので、その杭は、この広い緑地ほぼ全面に広がっていることが確認できました。

✳仮面とワヤンの博物館　Tupen & Wayang Museum　▼マス

マスの市街地から少し山中に入った道沿いにある博物館です。道路から枝道に折れて橋を渡ると入口があり広い駐車場もあり、奥にはコーヒー・ショップがあります。

展示施設は合計七棟の建物で構成されています。そのうち一棟は、特別な展覧会などの会場として使用されています。この建物はジャワ島でかつてタバコの葉の保管や乾燥のための施設として用いられていたものをこの地に移築したものだそうです。

残りの六棟はインドネシア各地の古い様式の建物を移築ないしは復元したものです。博物館のオーナーがジャカルタ市内で建築関係の工場を経営しているとのことで、その関係からジャワをはじめとするインドネシアの古い様式の建物に興味を持っていたこともあり、ここに集められたということでした。仮面やワヤン人形コレクションもインドネシア各

仮面とワヤンの博物館第一展示室

地のものはもちろん、広くヨーロッパのものまでオーナー自身が収集したそうです。

まずは第一展示室に向かいましょう。この建物はインドネシア東ティモール地方の建物です。内部にはバリのバロン及びジャワの仮面が集められています。コレクションの総数は三六点です。

建物の入口付近のフロアにはバロンダンスでおなじみの大型のバロンが置かれています。その周囲にはバロンプリと呼ばれる小型の仮面が集められています。奥側には中国のバロンの影響を受けたという西ジャワ地域のバロンが展示されています。

第二展示室の建物は中部ジャワ地域の様式のものです。ここはバリの仮面と影絵人形のコレクションが展示されています。仮面にはバロンやランダなどの仮面が六二面集められ、影絵人形は三四三点あります。

第二展示室

影絵人形のコレクション

ワヤン人形は、その扱われる内容によっていろいろなものがあります。例えばワヤン・タントリーは動物の生活、ワヤン・アルジョーは王様の話、ワヤン・マハーバーラタはマハーバーラタの話、ワヤン・ラーマーヤナはラーマーヤナ物語、ワヤン・バドナハリは部族の先祖の話など、それぞれの話に因んだ人形が作られています。

第三室は東ジャワ地区の建物、とくにトウバン地区のものだそうです。ここにはインドネシア各地の仮面一五二点が集められています。使用されていたのはパプア・ニ

日本の人形も

世界各地の仮面

ユーギニア地区、カリマンタン地区、ロンボク地区、マドウラー地区、スマトラ地区、ジャワ地区です。島によって独特の発展展開を遂げていることがうかがえる貴重な資料ばかりです。

第四室は東ジャワのジョグロカバン地区の家屋です。ここにはワヤン・ロンボク、カンボジア、マレーシア、中国などの各国の人形類二五一点が集められています。

第五室は東ジャワ地区の家屋で、入口には角を持つ鹿の頭部が飾られています。ここにはワヤンゴレと呼ばれる東ジャワ中部と西側ジャワの資料、及びイタリア、インド、スリランカ、日本、中国、ラオス、ベトナム、ミャンマーなど世界各地から収集された人形、三八三点が展示されています。日本のものでは文楽人形が見られます。

第六室はジャワ中部のローラ地区の民家です。ここにはイタリア、アフリカ、メキシコ、日本、朝鮮、中国、スリランカ、カンボジア、ネパール、ボリビアなど世界各国の仮面九九点が集められています。日本の能面なども見ることができます。

仮面やワヤン人形を世界各国に求めてコレクションを行ったオーナーの努力の集大成がここに実を結んでいます。とくに入館料は必要ありませんが、寄付を募る箱が置かれていました。

産業に関する博物館など

バリ島の代表的な産業といえば、農業、バテックなどの織物業、観光業ということになります。ライステラスと呼ばれる棚田は観光資源として知られています。この棚田は大規模なもので、灌漑の構造などとともに「バリ州の文化的景観：トリヒタカラナ哲学のあらわれとしてのスバック体系」として二〇一二年にユネスコの世界遺産に登録されました。

稲は二期作、三期作が行われ、日本では考えられないことですが、田植えから取り入れまでを同時に見ることができます。珈琲豆やマンゴー、パパイア、バナナなどの熱帯の果実栽培も盛んに行われています。これら産業に関係する博物館などを訪ねてみます。

その他、塩づくりの村、土器づくりの村などもあります。

✳【世界遺産】テガララン・ライステラス

Tegalalang Rice Terace　▼テガララン

バリ島では、水稲耕作、米つくりが盛んで、一年に三度の収穫が行われます。したがって水田地帯では田植えと稲刈りの光景が同じカメラのファインダーに入ることは珍しくありません。また日本のように多くの休耕田

テガララン・ライステラス

が広がるということもありません。開墾可能なところは全て農耕地として利用されています。時には丘陵の斜面を利用して細かく段状に水田を作っていたりします。

バリ島の地質は棚田の畔の部分を石垣などで補強しなくてもよいようで、小さな水田が整然と広がっています。棚田の見学には多くの観光客が訪れており、向かい合っている丘陵には多くの店が軒を並べています。道路の幅が狭いにもかかわらず交通量が多く、駐車する車が絶えません。歩行者にはちょっと危険かもしれません。

✳【世界遺産】ジャテルウィ・ライステラス

Jatiluwin Rice Terace　▼タバナン

曲がりくねった急な山道をかなりの時間、車に揺られながら行ったところにあります。この地域の棚田はウブドで見たものとは比較にならないほど広大な面積を持ち、見渡す限り、棚田が広がっています。一つの一つの田も広いようです。

坂道を上り詰めた場所に世界遺産の登録を記念して建てられた大きな石碑があります。ここからの眺めは、どこまでも棚田が続く雄大なものです。畦道に降りてみました。ほぼ並行して水路が巡り、作業小屋風の小さな祠には、田の神様が祀られているようです。

ここにはレストランがあり、赤米など地元の水田で採れた珍しい米を炊き上げたものなどが提供されています。昼ごろともなれば、座席が足りないほど賑わっています。

ジャテルウィ・ライステラス

✳スバック博物館　Museum Subak　▼タバナン

博物館の周囲は深い林に囲まれています。丘陵の斜面を利用して建てられた二棟のうち奥の二階建ての建物が博物館です。建物の前の池には白い蓮が花を付けていました。ここは農作業の道具や風俗などを中心に展示する博物館です。

展示室入口中央には、農業をつかさどる女神像、左右に牛に乗った童子像があります。いずれも白い彫像です。

この地域で使用された農具、とくに牛に引かせて耕作する犂や水田耕作に用いられていた木製の柄が付けられた鋤や鍬、代掻きなどが展示されています。日本でもかつて使われていたものとよく似た形をしたものが多く、なつかしく思いながら見ました。

スバック博物館

展示室

女神像と童子像

水田に灌漑のための水を引く設備はスバックと呼ばれ、世界遺産登録の決定要素となっています。その設置状況が写真や図面で解説されています。また、棚田の風景を表した大きなジオラマがあります。九世紀頃からこの地方で形成された独特の用水構造「スバック」のシステムを簡単に説明した模型も置かれています。丘陵の斜面に作られた棚田にまんべんなく給水、排水するのは、傾斜を計算に入れて水の流れを考えなくてはならず難しいものですが、これを見事にクリアしているのがこのスバックというシステムです。

実際に農具を使っている様子を写した写真パネルが添えられていて、わかりやすい展示が心掛けられています。展示室には、代表的な農家の建物とその周辺を表したジオラマが置かれています。ただしこの農家は富裕層のようで、一般的なものではありません。

館の敷地内に移築した農家があり、係の女性がカギを開けて案内してくれました。塀と門がある立派な家で、炊事場、倉庫、居間などを見ることができました。しかし数年後に再度訪ねた際には、なぜかこの民家の公開は中止されていました。

✳ルナ宝石博物館　Museum Perhiasan Runa　▼ウブド

二〇〇一年にアドリアン・パーラーによってウブドに創設された宝石に関する博物館です。緑豊かな庭園の中にあります。入口を入ると瓦葺の二階建ての建物が目に入りますが、この建物はデザイン工房とオーナー家族の居宅です。博物館は、この左手の二階建てのコンクリートつくりの近代的な建物です。

ルナ宝石博物館

デザイン画

銀製の亀

展示室中央にガラスケースには銀製のポットが置かれています。周りの壁面には宝飾品のデザインのラフ・スケッチが四枚、額に入れられて掲げられています。そこに描かれていた髪飾りを製品化したものも展示されています。右手の壁面には、銀と真珠をあしらったブレスレットも見ることができます。

二階の壁面にも銀のチェーンやイヤリング、ブローチなど、きらびやかな装飾品が置かれ、ガラスケースにはまばゆい光を放つ銀製の亀が置かれています。

展示物は売り物ではないようですが、値札のついた宝飾品もたくさんありました。

自然・科学に関する博物館など

インドネシアは赤道をはさんで位置し、熱帯性のサバンナ気候帯に属します。北西季節風の吹く雨季（十月〜三月）との南東季節風が吹く乾季（四月〜九月）という二つの季節にはっきりと分かれています。乾季は雨が少ない期間が続き、水不足になります。雨季はその逆の状況になりますが、終日雨が降るというわけはなく、一日に数時間のスコールがあるのが普通です。この時期に植物は生気を取り戻します。気温は年間を通じてほとんど変わりません。二五度〜三五度で、この気候のため日本では見られない植物や動物の生態を見ることが出来ます。

また飛行機でインドネシア上空を飛ぶと、噴煙を上げている山々が見えます。日本と同じように火山が多く、何度も噴火をしています。ここでは、自然と科学に関する博物館を紹介します。

✺火山博物館　Batur Volcono Museum　▼キンタマニー

インドネシアは火山が多い国です。小スンダ列島の火山では、今も噴煙をあげています。硫黄の産出や温泉の噴出という恩恵にも浴していますが、噴火や地震という災害にも度々襲われてきました。標高一七一七メートルのバ

火山博物館

トウール山、三一四二メートルのアグン山は活火山です。バトウール山は一九九四～二〇〇〇年に、アグン山は一九八三年に噴火し、火砕流などによって大きな被害が出ています。

館はキンタマニー高原入口にあります。バトゥール山から大きな谷を隔てた高台にあり、火山とその裾に広がる湖を正面に臨むことができます。

博物館の建物の屋上には、望遠鏡が設置されています。アグン山を麓から山頂まで見ることができます。二〇〇〇年の噴火で火砕流が流出した部分は、今でも黒く焼け焦げたままの状態で残っています。黒く変色した山肌はかなり広い部分にわたっています。

展示室には地震観測機や測量用器械、火山から噴出した大きな岩塊の実物が床面に無造作に置かれています。バトゥール火山の噴火の際の火砕流の流れ方を示す大型のジオラマが設置されており、火山の裏側まで見ることが出来ます。さらに、降灰や火砕流などの被害状況の写真パネルや映像記録などが示されています。

博物館屋上から見えるアグン山の火口

火山国インドネシアでは、噴火による被害を最小限に食い止めるべく、様々な方法が研究されてきました。この研究調査によって、近年発生したジャワ島中部の火山活動が活発化した際、政府は早くから住民に避難を呼びかけ、人的被害はほとんど出ませんでした。

この博物館では、インドネシアの噴火予知の研究の歴史や、噴火による災害の実態などをわかりやすく展示しています。

✳エレファント・サファリ・パーク　Elephant Safari Park　▼ウブド郊外

ウブドの北約一〇キロのタロ村の熱帯雨林のジャングルの中に造られた施設です。東南アジアには象だけの動物園や曲芸のショーを見せる施設がありますが、この施設には象に関する情報を収集展示する博物館が設置されています。

メインゲートを入ると駐車場スペースがあり、その奥に事務所と展示室の建物があります。展示室前の廊下に、小型の象の全身骨格標本が置かれています。展示室では象についての様々な情報が写真パネルで展示されています。

エレファント・サファリ・パーク

象の全身骨格標本

象の曲芸ショー

✳バリ動物園　Bali Zoo　▼ウブド郊外

ウブドの南約一〇キロのシガバドウ村にある本格的な動物園です。三・五ヘクタールの園内には約六〇種の動物が飼育されています。子供たちに人気のある象やライオン、トラという定番のスターはもちろんのこと、東南アジアに生息する珍しい動物も多く飼育されています。インドネシア地域に生息している動物を少し見てみましょう。

オランウータンは直訳すると「森の人」という意味ですが、この動物園には絶滅危惧種のオランウータンが飼育されています。体長は一・二五メートル～二メートル、体重は三〇～九〇キログラムあります。ほとんどのオランウータンは赤みがかった毛の色をしています。オス同士が出会うと喉を膨らませ、枝をゆすったり、折ったりして相手を威嚇するそうです。ボルネオの森林に生息していますす。ここで飼育されているオランウータンは生後九か月の子どもです。飼育場の周囲に設けられた濠に面した芝生の端に座って我々見物客を眺めています。

バリ動物園

オランウータン

上半身が黒、下半身が白い体に白と黄色の長いくちばしを持ち、頭部に黄色い冠をかぶったような特徴ある鳥がいます。サイチョウウとよばれるこの鳥はタイ、マレーシア、スマトラ、ジャワ、ボルネオ島にのみ生息している島です。熱帯雨林の果実を好んで食べ、カエルや昆虫、鳥の卵なども捕食するそうです。

クロテナガザルは、テナガザルの仲間では最大のもので、体長一メートル、体重一三キログラムあります。マレーシアおよびインドネシアのスマトラ島に生息し、鳴き声は極めて大きく動物園中に響くそうです。尾はなく、類人猿の仲間とされています。檻の中に置かれた太い木の上にうずくまっていました。

ワラビーは〇・六～一メートル、重さ約六キログラムのカンガルーに似た動物で、カンガルーよりもややずんぐりしています。森や林に生息するものはとくに藪ワラビーとして知られています。インドネシアのいくつかの島々、オーストラリア、ニューギニアなど熱帯地域に生息しています。ワラビーは数カ月間、水を飲まずに生きることが出来るそうですが、この動物園では草や木の葉、根などの餌を与えているそうです。

✵バリ・サファリ＆マリンパーク

Bali Safari & Marine Park　▼ギャニャール

ギャニャールの郊外に造られた広大な面積のテーマパークです。

広い敷地には、六〇種以上の動物が自然な状態で放し飼いされている動物園と、淡水に生息する魚類を集めて飼育しているマリン・パークが併設されています。

動物が飼育されている地域へはサファリ探検ツアーの専用自動車で行きます。使用される車は大型の貨物用トレーラーを改造したもので、四人掛けの座席が一〇列以上あり、黒白のゼブラ状の塗装が施されています。

バリ・サファリ＆マリンパーク

淡水魚の飼育展示

サファリ内は肉食獣と草食獣の区域に厳密に分けられています。境界には広い溝や二重の扉などが設置されており、サファリの関係者が銃を持って守衛しているところもあります。

カバは人工池がの中に数頭放し飼いされています。自動車が近づくと、かなり接近してきますので、スリルがあります。ライオンの地域でも車に向かってくることがあり、なかなかの迫力です。キリンやシマウマ、水牛などの草食系動物の飼育コーナーでは、動物はのんびりと我々の車を眺めています。

サファリの関係者はジープで待機して、動物の動静に注意を払っています。ツアーの車の窓からは手や足などは出せないようになっています。写真の撮影は自由で、至近距離からシャッターを切ることが出来ます。

マリン・パークでは大きな水槽の中に多数の淡水魚が泳ぐ様子を見ることができます。

ここでは東南アジア地域の河川で生息する魚を鑑賞できるように工夫されており、魚たちに餌を与えるのを見ることができます。、肉食魚が多いので餌に食いつく反応も素早いです。なかでもピラニアが餌に群がる姿は壮観です。赤色の細い帯が体の中心に見られるレッド・アロアナもいました。東南アジアの河川に生息する中型魚です。

✺バリ・バード・パーク　Bali Bird Park　▼ウブド郊外

ウブドの中心部から南南西に約一〇キロのところにある、鳥に特化したテーマパークです。

コンクリートで造られたゲートの中央部には木造の門がはめ込まれており、柱の上下左右には花草文様が透かし彫されています。最上部に鳥をデザインした赤いマークのあるゲートをくぐると芝生の広場に出ます。そこにはカラフルなベニコンゴウインコがいます。頭の上に白い羽の冠をかぶったようなカンムリホホシロツルは親子三羽が仲よく餌を食んでいます。このベニコンゴウインコは、南アメリカ大陸の北部から中部に生息しています。カンムリツルは、アフリカ西部に主に生息する種類で、日本のナベヅルより少し大きく、翼の長さは五八センチ程になります。後頭部に藁色の剛毛からなる冠羽があり、栗のイガのような形をしています。のどには赤い肉垂れがあります。

ここで飼われているカンムリホホシロツルは、アフリカ南部に生息し顔が白いのが特徴です。食性は雑食で、昆虫や小型哺乳類、果実、種子などを食べます。池や沼、湿地を好み、昼行性で夜間は樹木の上で休みます。体の色合いが美しく、人に馴れやすいので各地の動物園で飼育されています。アフリカ原住民の中にはこの鳥を神聖視し、大切に扱っている人々もいます。このほか赤、青、黄、緑などの羽根を持つインコも広場に植えられた木の枝で羽を休めています。

この広場では時間を決めて鳥と飼育員によるパフォーマンスが催され、見物の人だかりができます。

バリ・バード・パーク

放し飼いの鳥のいる広場の横を通路にしたがって歩くとインドネシア・トラジャ地方の高床式家屋があります。この建物は鳥の飼育舎として使われています。

大きな人工池には白いオオフラミンゴが群れています。アフリカに生息するフラミンゴの中でも最も大きな鳥で、脚部とくちばしの中央はピンク色、くちばしの先端は黒で、目は黄色なのが特徴です。

オオフウチョウはヨーロッパ・ギリシャ地域に生息するカラフルな鳥で黄色、茶色、黒色と色分けされた羽を持ち、顔は上半部分が黄色、下半分が黒色くちばしは黄色です。鳴き声がワン、ワンと聞こえます。樹木の上に営巣して卵を生みます。

オオフラミンゴの群れ

このほかアフリカの鳥としては、ネズミガシラハネナガインコがいます。この鳥は、西アフリカのサバンナ地域に生息する鳥で、羽の色は緑と黄色、頭は鼠色とカラフルです。ミナミシサイチョウは全体に黒っぽい色で、くちばしの根元から頭部が赤い色をしています。ニシムラサキエボシドリはアフリカ中部に生息し、樹木の枝に営巣します。体の色は黒で、頭部が黄色くちばしは赤が特徴です。マタセグロコサイチョウはアフリカ中東部に生息し、体は黒に白いストライブがはしったような外見をしています。

バード・パークの通路では鳥が悠然と歩く姿を見ることが出来ます。孔雀もその一つです。

なぜかここで、コモド・ドラゴンが飼育されています。鳥の飼育地域とは離れています。敏捷で人間も襲うというきわめて獰猛で危険という印象のある動物ですが、ここではおとなしく見えます。

✺リンバ・レプティル・パーク（爬虫類パーク）

Rimba Reptil Park　▼ウブド郊外

バード・パークの隣にある爬虫類に特化した動物園です。ここにはイグアナ、蛇、亀、ワニなどが飼育されています。蛇はガラスの飼育ケースに入れられています。

ブラック・マングローブ・スネイクは文字通り黒色の蛇で、インドネシア各地をはじめ、タイ、フィリピン、マレーシア、シンガポールなどに生息しています。小鳥やその卵、カエルなどを捕食し、泳ぎが得意です。

グリーンチュリー・ピィトンと呼ばれる蛇は全身グリーンで白い斑点があります。インドネシア、アジアに生息し、夜行性の蛇です。内部を暗くしたトンネル状の展示施設には、エジプトなどアフリカに生息する毒蛇が飼育されています。古代の遺跡のレプリカや土器が置かれたケースに放たれています。

イグアナを抱くことが出来るコーナーがあります。周囲を厳重に囲った中で係員が観客にイグアナを手渡ししています。このコーナーは子供たちに人気があるようです。

次に大型のニシキヘビの飼育されているケースが目に入ります。ここでは眠るように全く動かないアミメニシキヘビを見ることが出来ました。アミメニシキヘビは、東南アジアに生息する夜行性の蛇です。ニシキヘビの中でも最も大きなもので、全長一〇メートルにもなるそうです。

リンバ・レプティル・パーク

周囲を金網で囲ったスペースに、サルト・ウォーター・クロコダイルが飼育されています。ワニは通常

蛇の飼育舎

淡水の河川や湖沼に生息しているようですが、このワニはアジアの海岸の海水域の澄んだ水域に生息しているそうです。最も大きいものは頭から尾の先までの長さ六・三メートル、重量一トンにもなるそうです。昼行性で、魚類や貝、両生類を食べます。ワニの飼育場では係員が餌の鶏肉を与える瞬間をみましたが、瞬く間に餌はワニの胃袋に入っていました。

出口には木製の展示棚に爬虫類をかたどった木彫製品が多数並べられていいます。後背にナーガが表現されている仏像、イグアナやコブラ、亀の木彫もあります。蛇の表面の皮膚文様をプリントしたTシャツなどもあるので、ミュージアム・ショップのようでしたが、どこを見ても価格の表示がありませんでした。

✳バリ蘭センター　Bali Orchid Center　▼デンパサール

バリは蘭の栽培には格好の気候条件のようです。この蘭園では地植えのままで美しい花を付けています。

適度な間隔で植えられた蘭の花は、彩りも黄、白、ピンク、紫と様々で、また二メートルを超えるものから一メートルに満たないものまで、実に多様で目を楽しませてくれます。

バリ蘭センター

✺バリ・バタフライ・パーク　Bali Butterfly Park　▼タバナン

スバック博物館の北西約九キロメートルのところにあります。インドネシアに生息する「空飛ぶ宝石」とたとえられるトリバネアゲハ蝶など五〇種類以上の蝶が飼育されています。

山間部の田園地帯にあり、周辺には自然がよく残されています。この施設では蝶を大きなゲージの中で放し飼いにしています。園内には築山や滝のある人工池などが造られ、赤や黄色、白などの色鮮やかな花に蝶が止まっています。蝶のふ化場には羽化する蝶を見守る飼育員の女性がいます。羽化して間もない蝶は、飛べないので飼育ゲージから地面に落ちてしまいます。それをもとの枝に戻す作業をしていました。植物の葉に擬態する昆虫が飼育されている小型のゲージには老齢の飼育員の男性がいます。擬態化した昆虫がどこにいるのかわからず、覗き込んでいると、ここにいるよと指で示してくれました。葉に擬態するものと枝に擬態するものがあり、枝に擬態している昆虫はまるで枯れ枝のようです。

入口のモニュメント

広い園内を見て回ると博物館につきます。ここでは蝶をはじめ様々な昆虫の標本が展示室内に並べられています。同時に生態の写真展示も行われています。その色の豊かさと種類の多さに見とれているうちに、ミュージアム・ショップに出ました。園内で飼育している蝶は無論のこと、インドネシア国内および国外で捕獲された蝶の標本が紙箱に入れて販売されています。もっとも高価なものはブラジルの蝶の標本で、数万円の値が付けられていました。手頃な五〇〇円程の小型の蝶の標本を買い求めました。販売員は手慣れたもので、この施設で購入したというと税関はパスすると言って証明書を箱の裏につけてくれました。

✺バリ植物園　Kubun Raya Bali（Eka Karya）　▼ブドゥグル

この植物園は一九五九年七月一五日にオープンしました。ここは森林公園と呼んだ方がよいほど広大で、一五七・五ヘクタールの面積を有しています。平均気温は一八度〜二〇度で、湿度は七〇〜九〇％という気候条件です。

入口の門を入ると中央の分離帯上にラーマーヤナに題材を求めた様々な神々の像が置かれています。シバ神像が中央に配されている円形ロータリーがあります。右手の森にはフィールドアスレチックの設備があるアドベンチャー・パークがありますが、訪問した日は天候がよくなかったこともあり、遊具で遊ぶ人の姿は見られませんでした。さらに坂道を行くと、温室があります。乾燥地域である砂漠の環境を人工的に作り、サボテンなどが植えられています。温室の上の方に蘭園がありります。残念ながら花をつけている蘭はほとんどありませんでしたが、時期がくれば美しい蘭を見ることができるでしょう。このほかにシダなどの湿地性の植物の植生を見られるコーナーがあります。再び坂道を上っていくと、古木の根が高く根を伸ばした場所に出ます。パワー・スポットとして地元では知られている場所だそうです。祠などは作られていませんが、古木の根元は大きくえぐれて薄暗く、そこにたたずむと「気」のようなものを感じることが出来ます。

バリ植物園

様々な神々の像

✳バリ貝類博物館　Bali Shell Museum　▼クタ

クタ地区のサンセット・ロードにある博物館です。インドネシア初の貝に特化した博物館として二〇〇九年に開館しました。建物の入口にはアンモナイトの化石やヒトデなどが飾り付けられています。貝は切手や蝶、おもちゃと同様マニアックなコレクターが多い分野で、世界各地にコレクションを公開する博物館があります。この博物館もオーナーのスティーブン氏が収集してきたコレクションをもとに展示が構成されています。

館内のロビーにサンゴ礁のジオラマが置かれています。その上方にはサメやイルカの群れがまるで海中を遊泳しているように天井から吊り下げられています。貝の展示は、大きなものから小さいものへと並べ、同じ形や色のものを一括するという手法を採っています。

バリ貝類博物館

人類が登場するはるか以前に海に生息していたアンモナイトや三葉虫の化石がいくつも置かれています。直径が五〇センチを超える巨大なものもあります。サメのあごの骨を集めたコーナーでは、サメの口の大きさがわかります。ヒトデやウニも数多く集められています。

ミュージアムショップでは、貝で造られたペンダント、ブレスレットなどのアクセサリーが数多く並べられています。これもある種の展示のように思えました。

化石のコレクション

その他の博物館

✳ラタ・マホサディ芸術資料センター
Lata Mahosadie Documentation Centre　▼デンパサール

デンパサールにつくられたインドネシア芸術協会の施設です。民族舞踊と民族音楽ガムランで使用される楽器を集めた博物館として一九九七年一月に開館しました。広いホールの二階の床面には古典音楽を演奏する打楽器をはじめ伝統的な楽器が置かれています。打楽器といっても金属製や木製のもの、さらには

ラタ・マホサディ芸術資料センター

打楽器の展示

民族舞踊の展示

太鼓のようなものが組み合わさったもの、ガムランに使われるようなものなど様々な種類があることがわかります。

民族舞踊の展示では、仮面をつけて演じられるバロンダンスに用いられる仮面や衣装が見られます。これは独特の雰囲気を持っています。女性が天女のごとく舞う様子をマネキン人形で表現したものは妙になまめかしく怪しい魅力があります。二人の女性が冠をかぶり、豪華な衣装をまとって踊るタリ・パンジと呼ばれる踊りが、マネキン人形で再現されていました。また、展示室の後壁面には、実際に演じられている様子の写真パネルや絵画が掲げられています。

✺クルタ・ゴサ（スマラプラ王宮跡）

Kertha Gosa（Puri Semarapura）　▼スマラプラ

ウブドの東、車で約四〇分にあるスマラプラを訪ねました。スマラプラはバリ東部最大の町で、クルンクン県の県庁所在地です、一六世紀にジャワのマジャパイト王国の影響のもと、スマラプラに南ゲルゲルに都を置くゲルゲル王朝が成立します。演劇や文学など華やかな宮廷文化が栄え、バリの支配王朝となります。

やがて一八世紀にスマラプラへ遷都し、新たにクルンクン王朝を開くと、地方の領主たちもこぞって王国を作ったため、バリは八つの王国が覇を争うようになりました。一九世紀後半からオランダのバリ侵略が始まり、各王国が次々と滅ぼされていきました。

クルタ・ゴサ

クルンクン王朝は最後まで抵抗し、一九〇八年の最後の戦いの後、バリ全土がオランダの支配下に入りました。クルタ・ゴサはスマラプラ王朝の宮殿跡です。

周囲を池に囲まれた長方形の伝統的な建物は、王宮の王族達が休憩する場所として使われた建物バレ・カンバンを一九四〇年代に復元したものです。建物を囲む池には蓮の花が咲き、建物へ通じる石段や柱には見事な彫刻が施されており、天井には極彩色の古典絵画が描かれています。絵画はバリの神話を題材にしたもので、黄金色を主体に描かれているようです。同じく天井に描かれたカマサン・スタイルの絵画はラーマーヤナなどの神話に題材を求めた見事な作品で、地獄の場面、いわゆる釜ゆでの刑の様子が描かれています。釜の中の人間たちとその周りで釜の火をたく鬼たちが見られます。

中央の建物の右手には正方形の小さい建物があります。クルタ・ゴサはサンスクリット語で「裁判所」という意味です。二〇世紀半ばまでここで裁判が行われていました。天井には、道徳、宗教をテーマにし

王族の休憩所

釜ゆでの刑の様子を描いた天井画

裁判所の内部

た絵が描かれています。敷地の西側奥には、この地域の民俗資料や歴史資料、絵画作品のコレクションを展示する博物館が設置されています。

✳ウブド王宮　Puri Saren Agung　▼ウブド

王宮はウブド市場の向かい側にありますが、市場の喧騒がうそのように静かな場所です。

ここはウブド地域を治めていた王の住居です。現在も子孫の方が居住していることもあって内部の公開は限られています。王宮内の建物の壁面には陶磁器の皿がたくさん貼りこまれており、これを一つ一つ見ていくのも焼き物ファンには魅力かもしれません。

✳ブレレン博物館　Museum Buleleng　▼シンガラジャ

バリ島北部にある港町シンガラジャの南に位置するジャヤラン・ベテランに面してある博物館です。バリ北部地域で出土した石器類、石棺などの考古学資料、祭礼行事に用いられた祭祀具など民族資料が集められています。

ウブド王宮

ロンタル文書図書館

✳ロンタル文書図書館　Museum Gedong Kirtya　▼シンガラジャ

ブレレン博物館の右隣にある小さな平屋建ての建物です。キャビネットには、ぎっしりと古書籍が並んでいます。長方形の木箱が並べられた棚があります。これはロンタルと呼ばれる古文書を保管するためにつくられたものです。ロンタル文書は薄い木の板に記録された貴重なもので、インド、中国などに伝来する仏教経典の貝葉（バイヨウ）のようにも見えます。このほか木版本も多く収蔵されているようでしたが、ロンタル文書は特別扱いのようでした。

訪問時の翌日、政府の高官が文書調査にやってくるための準備作業中だったので、貴重な資料をのぞくことができました。

✳ゲーウェーカー・カルチュラルパーク　Garud Wishu Kencana Cultural Park　▼ウンガサン

バリを特徴付けるモニュメントを作るという目的でつくられたテーマパークです。中にはヒンズー教の神々の石像や石仏像が置かれています。劇場ステージではガムラン音楽の演奏とバロンダンスなどのバリの民族芸能が上演されています。本来はバリの寺院で行われてきた宗教的要素の濃い活動ですが、ここでは観光用のショーとして上演されています。

巨大なヴィシュヌ神
上半身像

劇場を後にして階段を上っていくと広場に出ます。正面には巨大なヴィシュヌ神上半身像があります。またその背後にはヴィシュヌ神の乗り物であるガルーダのこれまた巨大な顔があります。いずれも未完成で、石段を上ったところにある建物内に置かれたガラスケース内に完成像があります。それによると、ガルーダが羽を広げた中央にヴィシュヌ神が乗っているというもので、台座を入れると高さは一四〇メートルに及ぶとされています。現在も工事が続けられていますが、果たしてあと何年かかるのでしょうか。このパークの今後の整備予定や完成予想図などは特にありませんでした。

✺ヤダナヤ博物館　Yadnya Museum　▼メングウィ

タマン・アユン寺院の参道の左手にある小規模な博物館です。内部にはヒンズー教の祭祀に使われる山車飾りがぎっしりと置かれています。これらは悪魔を表現したもので、可能な限り恐ろしさを示すようにしているとのことです。祭礼の夜には電飾で飾られた山車が街中に繰り出して賑やかなようです。この様子は館内のテレビ画面で放映されています。日本の東北のお盆の祭りのようです。

ヤダナヤ博物館

ヒンズー教の山車飾り

寺院・遺跡など

バリ島には仏教寺院やヒンズー教寺院が数多く見られます。とくに在地宗教や仏教と習合したバリのヒンズー教は、インドなどのヒンズー教とは様相を異にしています。

バリ島に旧石器時代以来の人間の生活痕跡が見られることは考古博物館などの展示品から明らかですが、時代の下がった古代、中世の遺跡も多く残されています。バリの文化を理解するためには、寺院の歴史や遺跡について理解することが必要です。

✺ブサキ寺院　Pura Besukih　▼カランガセム県

バリのヒンズー教の総本山とされる寺院で、バリ島民にとっては母なる寺院として極めて重要な聖地であり、ここでは重要な儀礼も行われるそうです。丘陵の斜面に多くの堂舎、塔がひしめくように建てられており、石段でつながっています。ここは八世紀頃から仏教僧の修行場として利用されていたようですが、二〇世紀に入ってから修復、整備され現在のようになりました。

ブサキ寺院は、独立した二三の寺院から構成される複合寺院です。中心

ブサキ寺院の参道

祭礼で賑わう境内

となっているのはパナタラン・アグン寺院で、最も大きく目を引きます。この寺院を中核としてバリの王国の有力な氏族が域内に寺院を建設、維持してきました。現在ではヒンズー教の三大神であるシヴァ神を祀るプラ・パナタラン・アグン寺院、ヴィシュヌ神を祀るプラ・ダイン・クテレツ寺院、ブラフマー神を祀るプラ・バトゥー・マデ寺院の三つが中心となっています。とくにブサキ寺院ではアグン山の黒玄武岩が使われていますが、バリでこの石材の使用が許されているのはここだけだとのことです。

ブサキ寺院の古い時代のことは明らかではありませんが、プラ・パナタラン・アグン寺院が山の傾斜地に作られていること、ジャワ島の遺跡やほかの先史時代のピラミッド遺跡にきわめてよく似ていることから、少なくとも二〇〇〇年以上前にこの地に何らかの建物が造営されていたと推定されています。

また伝説によると、スリ・ダンキャン・マルケンダヤという僧侶が八世紀にここを瞑想の場所としていたと伝えられています。しかし現在知られている石碑などの碑文は一一世紀までしかさかのぼることができません。これらのことから、仏教やヒンズー教がバリに広まる以前から、バリ人にとってアグン山は信仰の対象であり、現在のパナタラン・アグン寺院に祭場的な聖地があった可能性が高いと考えられています。

一〇四三年、マジャバイト王国のバリ征服以降、ブサキ寺院は重要寺院の一つとなり、一五世紀以降はゲルゲル王朝の国家寺院となります。大きく風格のある石の割門があり、境内には椰子の葉で葺かれた屋根のある塔（メル）が数百基、境内に建てられています。

この塔を囲むように塀が造られ、その塀の間を階段の道が頂上へと続いていきます。坂道の途中で大きな祭りの行事に出会いました。広場には祭壇が設けられ、色彩豊かなお供え物がたくさん置かれています。着飾った男女が供物をささげたり、一心に祈ったりしています。なぜか大人ばかりで子供の姿は見かけません。やはり聖なる信仰の祭りの場には加えられないのでしょうか？　いずれにしても、この賑やかさはさすがにバリにおける信仰の総本山だと実感させてくれました。

この祭祀場を過ぎると急に参詣者が少なくなります。頂上付近から伽藍を見渡すと、眼下には多くの塔が立ち並ぶ聖地が広がっていました。

✳ティルタ・エンプル寺院　Pura Tirtha Empul　▼タンバシリン

この寺のあるタンバシリンという町は一〇世紀から一四世紀にペジェンを中心として繁栄したワルマデワ王朝の領土の一つでした。寺はタンバシリン北端にあり、キンタマニー高原に向かう途中になります。

ティルタとは聖なる泉という意味で、境内の奥にはこんこんと清水が湧き出る泉があります。

毎年四回目の満月にあたる夜に、タンバシリン近郊のマヌカヤ村で一〇〇〇年以上も祀られているという聖なる石碑をこの寺の泉で洗うという行事が残っています。

この泉が発見されたのは九六二年と伝えられています。またガルガンの日にはこの泉の水でバロンの仮面を清める行事が行われるそうです。伝説

ティルタ・エンプル寺院

沐浴場

によると魔王マヤ・ダナワと戦ったインドラ神が、台地を杖で叩いて不老不死の水を湧き出させた場所が、ここだともいわれています。

　境内の入口近くには聖なる泉から引いた聖水が滝となって流れ出る沐浴場があります。魔除けや万病に効能があると伝えられ、その聖水を浴びるため訪れた信者で、まるで混み合っている銭湯のようです。地元の信者に混じって観光客とおぼしきヨーロッパ人の男女も沐浴場していました。

　本堂の建物などは、泉があるところから奥に建てられており、祭祀関係者以外は立ち入りが禁止です。

　寺の左手の丘陵には、スカルノ大統領の時代に建てられたという大統領専用の別荘のがあります。

✳タナ・ロット寺院　Pura Tanah Lot　▼タバナン県

　海の中の岩の上に建てられた寺院です。海に沈みゆく太陽は実に素晴らしく、バリ島で最も夕陽の美しい名所としても知られています。タナは土地、ロットは海を意味します。干潮時には陸続きとなり、島まで歩いて行くことが出来ますが、満潮時には海水が満ちて孤島となります。一六世紀にジャワの高僧ニラルタがこの場所からの眺めに感動して、こ

岩の上にあるタナ・ロット寺院

ここそ神々が降臨するにふさわしいと村人に強く勧めて寺院を建立したと伝えられています。

今でも神の化身である蛇が住んでおり、海からやってくる悪霊を追い払ってくれると信じられていて、島の洞窟に海蛇が祀られています。

外海の豪快な荒波が岩にあたって砕け散る様子は勇壮で、霊感を感じるパワー・スポットであることを実感できるのかも知れません。

✳ウルン・ダヌ・ブラタン寺院　Pura Ulun Danu Bratan　▼ブドゥグル

現在流通している五万ルピー紙幣にはこの寺院の景色が用いられています。ブラタン湖の湖畔に浮いています。メル（塔）が島の中央に二基建てられています。ここも干潮の時には陸続きとなるようですが、訪問時には水が満ちており、離れ島となっていました。

ウルン・ダヌ・ブラタン寺院

かつてカジャマタ王国の時代、大臣がこの地を訪れた際に、国を守るにふさわしい神を祀る場所であるとして武器をこの地に埋めたとのことです。以来、国の守り神のいる寺院として人びとの崇敬を集めてきました。

✳ウルワツ寺院　Pura Luhur Uluwatu　▼ウルワツ

バリ島の南に突き出たバドウン半島にはヌサドワ、ジンバラヤンなどのリゾート地があり、ホテルが集中しています。ウルワツ寺院は、半島の南西端、標高約七〇メートルの崖の上にある、一〇～一一世紀頃に創建されたと伝えられる寺院です。バリにおけるヒンズー教三大寺院の一つとして数えられる古刹です。駐車場から境内へは石敷きの参道が続きます。参道には多数のサルが群れており、注意しないとメガネや荷物などが奪われてしまうそうです。

伝説によると、ウンプクト・クウランという高僧が、一〇世紀にこの地に寺を建てたのが始まりです。やがて一六世紀にはニラルタという僧侶がここを訪れ、パドマサナという最高神を祀る三層のメル（塔）を断崖上に建てたとされています。長く続く石段を上り、境内に入ると、時間などを知らせる鐘楼があります。木製の細長い木魚のようなもの叩いていました。

この建物の反対側には三棟のメルがあります。一棟は二層、他の二棟は一層です。正面には断崖の上の三層のメル（塔）に続く参道がありますが、一般人はそこからは入れません。

この寺院はインド洋に沈む夕陽のビューポイントとして、ガイドブックにも掲載されており、多くの観光客が訪れています。

寺の名であるウルワツとは岬という意味です。絶壁の上からのインド洋の景色は雄大で、豪壮です。

崖の上に建つウルワツ寺院

✺【世界遺産】タマン・アユン寺院　Pura Taman Ayun　▼メングウィ

一七世紀にバリ東部で絶大な勢力を有していたゲルゲル王朝のバックアップでバリ中部地域を支配するムングウィ王国が成立します。この王国は一時、ブラタン湖まで勢力を広げました。しかし一八七二年、アグン・ニョマン・アユン王が亡くなると急速に勢力を失います。やがて一八九一年には隣国のタバナン（西隣）、バドゥン（南隣）連合軍との戦争に敗れ王国は姿を消します。その消滅した王国の都があったムングウィの中心部から東に約一・五キロメートルのところに寺院は位置しています。

この寺院は一六四三年ムングウィ王国の国寺として王が創建した寺院です。

王国滅亡後の一九三七年に改修工事が行われました。バリ島では二番目に大きな寺院で、もっとも美しい寺院とも呼ばれています。

タマン・アユン寺院

闘鶏場のジオラマ

参道にはこの地域の祭礼などで行われる闘鶏の競技場があります。闘鶏の様子がジオラマで再現されています。競技場は日本の相撲のように土俵を中心にして、観客が回りを囲んでいます。また境内の各所に、闘鶏用の鶏の飼育ゲージがあり、鶏はここで飼育され、訓練を受けて闘鶏場で戦うのです。

正面入口の割門を入った境内は一面芝生で、熱帯の太陽に照らされて鮮やかな緑色が際立っています。奥の伽藍の手前には門があり、一般観光客は入れません。門の横を通り、中に入ります。そこには周囲を取り囲む濠が掘られており、満々と水をたたえた水面には睡蓮の花が美しく咲いています。

周濠で囲まれた境内には、平屋の建物と神が降臨するという一〇基の塔が建ち並んでいます。この塔はアグン山を模して造られたメルと呼ばれるもので、屋根の重なりは三から一一の間の奇数で構成されています。

✳ジャガッナタ寺院　Pura Jagatnatha　▼デンパサール

バリ博物館の南隣ププタン広場の東に位置する寺院です。境内中央には宇宙を表現したという石灰岩の塔、パドマサナが建てられています。バリ・ヒンズー教の最高神であるサンヒャン・ウィディが祀られ、塔の基礎部分には龍にからまれた亀が彫刻されています。バリではこの龍と亀の力のバランスによって宇宙の秩序が守られていると考えられています。ジャガッナタとは、宇宙世界を表現する言葉とされています。

ジャガッナタ寺院

✳ゴア・ガジャ　Goa Gajah　▼ウブド

ウブド中心部から東に約四キロ離れた山間部にあります。一一世紀の創建と伝えられる寺院で、一四世紀にオランダ人によってこの遺跡が発見されました。ゴア・ガジャとは巨大な洞窟、象の洞窟という意味

象の洞窟入口

ゴア・ガジャ

で、象の姿をしたガネーシャを祀ることから名前が付けられたそうです。岩盤をくりぬいて作られた洞窟の入り口は南に開いており、魔女ランダの浮彫があり、大きく開く口の部分から入ります。洞窟内は暗く、目が慣れるまで少し時間が必要です。この洞窟は、内部がT字状になっており、左側の奥にはヒンズーの神、ガネーシャ像、右側には三本のリンガが祀られています。それらの像の前には供物や花が供えられており、今も信仰が続いていることを示しています。

また洞窟内には全部で一五の横穴が穿たれています。かつて僧侶が瞑想したり休息したりする場所として使用されていました。

洞窟の前方には、一九四五年に発掘された沐浴場があります。南北二〇メートル、東西七メートルの長方形で周囲は切り石で囲まれています。そこには所々青っぽい苔が生えています。この沐浴場の東側壁面にはウイチャンダリと呼ばれる女神像が合計六体見られます。沐浴場には清らかな水が流れ落ちる滝が設けられています。

洞窟は礼拝の場所であり、沐浴場は体を清める場所として、現在もなお島民の宗教的な聖地として存在しているようです。

✳イエ・プル　Yeh Pulu　▼ウブド

ゴア・ガジャから北東へ一キロほど離れた丘陵の谷部に位置しています。遺跡までは川の流れに沿って石敷きの道を少し歩かねばなりません。「イエ」とは「水」、「プル」とは「容器」を意味し、石の器から湧き出る水を表わしています。延長二五メートルの岩盤に一四世紀後半のものと思われるレリーフが残っています。ここに古代神話の世界が見事に表現されています。

このレリーフはマジャパイト王国のバリ侵攻以前のものとされ、ストーリー性のある絵巻物のようです。五つの場面から構成されています。ヒンズー教のクシュナの生涯を描いたという説があるそうですが、最初の場面は、ふんどし姿の男が右手を高く上げています。二番目の場面では壺を二つぶら下げて、肩に担いで運ぶ様子が見られます。男の前を宝石を付けた女が歩いています。

第3場面のレリーフ

イエ・プル

三番目の場面では、扉の中で外を見張っている人がいます。男が肩に斧をかけて、座っている女と話をしています。頭部にターバンを巻いて座る僧侶のような人物が描かれ、その左側にサロン姿の女が立っています。

四番目の場面は狩猟の様子です。馬に乗っている人物、槍を投げている人物がいます。もう一人の人物が大きな猪に武器を差しこもうとしています。その右には仕留めた二頭のイノシシを棒に吊るして運ぶ男が描かれています。最後の場面では、馬に乗って帰ろうとするクリシュナを引き留めようと熊の娘が馬の尻尾をつかみ、その娘の後ろで二匹のサルがその様子をまねるように尻尾をつかんでいます。

レリーフが終わった奥の部分には僧侶たちが修行した洞窟があります。ここは僧房の跡と考えられています。奥の区域には簡単な建物があり、寺院として今も機能していることを伺わせます。

✵【世界遺産】ウルン・ダヌ・バトゥール寺院

Pura Ulun Danu Batur　▼キンタマニー

バトゥール火山のカルデラを見下ろす山頂部分にある大きな寺院です。バトゥール湖の守護神であるデウイ・ウルン・ダヌを祀っています。この寺院は昔バトゥール火山のカルデラ内のバトゥール湖畔のソンガン村に建てられていました。一九一七年にバトゥール火山が突然噴火し、溶岩流は当時のバトゥール村に迫ってきました。しかし集落の直前で溶岩流が奇跡的に止まったことから、村人はこの場所に引き続き居住するようにというお告げであるとして住み続けることにしました。しかし一九二六年にバトゥール火山は再び噴火します。この時にはついに火砕流は村を飲み込んでしまいます。

かろうじて難を逃れた村人たちは、今後はこのような災害に合わないために村を外輪山の山頂に移し、新しく村を作り、寺院もここに移し、現在のように大きく立派な施設に造立しなおしたのです。

ウルン・ダヌ・パトゥール寺院

あとがき

インドネシアには数十年前に中部ジャワにおける土器作りの調査で訪れ、そこで得た多くの知見は以後の研究に大いに有効なものとなりました。以来、家族や友人たちとともに度々インドネシア各地を訪れています。

近年の当地の発展は、かつての姿とは見違えるようです。街並みの整備は無論のこと、博物館でも多くの変化が見られます。例えばジャカルタの国立博物館は新館がオープンし、それまでの薄暗い展示の雰囲気が明るく近代的なものに変貌しています。また中部ジャワでは、火山噴火という自然災害を克服しながら、ボロブドゥール寺院やプランバナン寺院群などの世界遺産の整備、充実も進んでいます。また、ジャワ原人の発見地として知られるサンギランにも、先史時代人類に関連する博物館が開館しています。

一方、バリ島は自然に恵まれた風光明媚な所で、各所で信仰心の篤さを感じることができる風土です。とりわけヒンズー教が伝統的な在来信仰と融合した「バリ・ヒンズー」の寺院が多く見られます。また、バリ島の博物館は、種類と数の多さに驚きます。それらの充実に努力されてきた地元関係者の努力に敬意を表します。

「ぶらりあるき博物館」のアジアシリーズは毎年刊行してきましたが、本書が八冊目となります。訪問してきた博物館や遺跡、寺院などへの想いがあり、筆者にとっては貴重な体験の積み重ねであり、かけがえのない宝物であり、誇りの一つです。

博物館が私たちに語りかけてくれるもの、世界に二つとない貴重な情報ばかりです。それらを少しでも読者の方々にお伝えできれば望外の幸せですが、果たしてどれだけお伝えできたかどうか……。

最後になりましたが、今回の訪問行に同行いただいた前田弘隆氏をはじめ、地元でお世話になったガイドのアガトさん、アンドレアさん、さらに旅行の手配でお世話になっている南海国際旅行寺尾倫子さん、毎々適切なアドバイスをいただいている芙蓉書房出版平澤公裕氏、また文章の校正などでお世話になった奈良部桂子さん、男里真紀氏に対し、心から感謝いたします。

平成二十七年六月

中村　浩

参考文献

【全体に関するもの】

池端雪浦編『東南アジア史Ⅱ島嶼部』山川出版社、二〇〇四年

伊東照司『東南アジア美術史』雄山閣、二〇〇七年

伊藤清司編『インドネシア美術』（『世界美術大系』）講談社、一九六三年

東京国立博物館『インドネシア古代王国の至宝』東京国立博物館、一九九七年

Richard Mann, *Liang Liji; Museum Asia Afrika*, 2006.（中文翻訳）香港

Pierre-Yves Manguin, A.Mani, Geoff Wade. *Early Interactions Between South And Southeeast Asia*, 2011, Institute of Southeast Asian Studies.

Mery Wilson, *101 Butterflies of the Lowlamds of the Oriental Regian*, 2008, Yellow Dat Publishing.

【ジャワ島】

馬場悠男ほか『ピテカントロプス展』国立科学博物館、一九九六年

腹瑞枝・森田安子（翻訳）「ジャカルタ—国立博物館ガイドブック（日本語訳）」インドネシア・ヘリテージ・ソサエティ、二〇一〇年

八田洋章・Mujahidin『樹木散歩　ボゴール植物園』国立科学博物館、二〇〇六年

シータ・ダマヤンテイ訳『プランバナン』Intermasa Jakrta、二〇一〇年

Dra.Retno Sulistianingsth Sitowati, MM, *Katalog"Gedung Arca"Museum Nasional*, 2011, Museum Nasional

Jurgen D.Wickert『ボロブドゥール　Borobudur』1990, Intermasa Jakrta

【バリ島】
買鐘壽『バリ島』大学教育出版社、二〇一〇年
Anak Agung Made Djeilantil, *Neka Art Museum*, 1997.
Agung Rai, *Museum Seni Agung Rai ARMA*, Aging Rai Museum of Art
Sarojini, *Cpncealed Secrets In The Museum Buildings of Ubud Bali*, 2010, Gramata Publishing.
Richard Mann, *Treasures of Bali*, 2006, Museum Association of Bali (Himusba).
Richard Mann, *Treasures of Bali, New 2nd Edition*, 2006, Museum Association of Bali (Himusba).
Richard Mann, *UNESCO World Heritage Site*, 2013, Gateway Books.
John Miksic, *Borbudur-Golden Tales of the Buddbas*, 1990, Periplus.
Agus Dermawan T., *Pita Prada-The Golden Creativity*, 2009, Bali Bangkit.
Mr Putu Rudana, *Taged-Ministry of Culture &Tourism*, 2008, Museum Rudana.
Alison Taylor, *Living Treditions in Balinese Painting*,, 1991, TheAgung Eai Gallery of Fine Art.
Guide Book to Museum Bali, 2008, Dinas Kebudayaan UpD.Museum Vali.
Sarojini, *Concealed Secrets In The Museum Buildings of Ubud Bali*.
＊このほか、旅行ガイドブック、各施設のパンフレット、さらにインターネット上の情報なども随時参照した。

主な博物館の所在地

ジャワ島

■ジャカルタ

国立博物館（旧館・新館） Museum Nasional ▼Jalan Merdeka Barat, No12 Merdeka Square, Jakarta

独立記念塔（モナスタワー） Monumen Nasional ▼Pelataran Merdeka Lapangan, Merdeka, Jakarta

ジャカルタ歴史博物館 Museum Sejarah Jakarta ▼Jalan Taman Fatahillah, No1 Jakarta

絵画・陶磁博物館 Museum Seni Rupa & Keramik ▼Jalan Pos Kata No 2 Fatahillah Squar, Jakarta

ワヤン博物館 Museum Wayang ▼Jalan Pintu Besar Utara, No 27 Fatahillah Square, Kata Jakarta

海洋博物館 Museum Bahari ▼Jalan Pasar Ikan, No1 Sunda Kelapa

タマン・ミニ・インドネシア・インダー（ＴＭＩＩ） Taman Mini Indonesia Indah ▼Taman Mini Indonesia Indah Pandok Gede, Jakarta

インドネシア文化博物館 Museum Sejarah Nasional

スハルト大統領記念博物館 Museum Purna Bhakti Pertiwi

家宝博物館 Museum Pusaka

昆虫館 Museum Serangga

軍人博物館 Museum Keprajuritan Indonesia

交通博物館 Museum Transportasi

コモド・ドラゴン博物館 Museum Fauna Indonesia Komodo

科学技術博物館 Museum Pusat Peragaan Limu Pengetahuan dan Teknologi

電気熱エネルギー博物館 Museum Listrik dan Energi Baru

石油天然ガス博物館 Museum Minyak dan Gas Bumi

切手博物館 Museum Pranko

コーラン博物館 Bayt Al Quran dant Museum Istiqlal

碑文博物館 Museum Taman Prasasti ▼Jalan Tanah Abang No.1 Taman Abang, Jakarta

テキスタイル博物館　Museum Tekstil　▶Jalan Aipda K.S. Tubun, No4　Tanah Abung, Jakart
バテック・ギャラリー　Galeri Batik　▶Jalan Aipda K.S. Tubun, No2-4　Tanah Abung, Jakarta
ナショナル・アート・ギャラリー　National Art Gallery　▶Jalan Medan Merdeka Timur, No.14, Merdeka
インドネシア銀行博物館　Museum Bank Indonesia　▶Jalan Pintu Besar Utara No 3 Jakarta
マンディリ銀行博物館　Museum Bank Mandiri　▶Jalan Lapangan Stasium, No1 Kata
国立公文書博物館　Gedung Arsip Nasional
▶Jalan Gajah Mada Kelurahan Krukut, Taman Sari, West Jakarta
軍事博物館　Museum Satria Mandala　▶Jalan Gatot Subroto, No 14 Kuningan Jakaruta

■ボゴール
ボゴール植物園　Kebun Raya Bogor　▶Jalan Ir. Hagi Juanda, No13, Bogor
オーキッドハウス　Orchid house　▶Jalan Ir. Hagi Juanda, No13, Bogor
ボゴール動物学博物館　Museum Zoologi Bogor　▶Jalan Ir. Hagi Juanda, No9 Bogor

■バンドゥン
アジア・アフリカ会議博物館　Museum Konferensi Asia Afrika　▶Jalan Asia Afurika No.65, Bundung
アジア・アフリカ会議会議場　Konferensi Asia Afrika　▶Jalan Asia Afurika No.65, Bundung
インドネシア郵便博物館　Museum POS Indonesia　▶Jalan Cilaki No.73, Bandung
バンドゥン地質学博物館　Museum Geologi Bundug　▶Jalan Diponegoro No.57, Bundung

■ジョグジャカルタ
クラトン（王宮）Kraton（Sultan Palace）　▶Jalan Letnan Jendera MT Haryano, Yogyakarta
王宮博物館　Museum Kraton　▶Jalan Letnan Jendera MT Haryano, Yogyakarta
ハメンク・ブオノ九世博物館　Museum Hameng Buwono IX▶Jalan Letnan Jendera MT Haryano, Yogyakarta
王宮馬車博物館　Museum Kareta Kraton　▶Jalan Rotowijayan 1, 1 Kamploks Ndaljm Kraton, Yogyakarta
タマン・サリ（水の王宮）Taman Sari　▶Jalan Taman, Kraton 1, Yogyakarta
フレデブルク要塞博物館　Museum Benteng Vredeburg　▶Jalan Marioboro, Yogyakarta

ソノブドヨ博物館　Museum Sonobudoyo　▼Jalan Trikara No.6, Yogyakarta

ミュージアム・セニ・ダン・ブダヤ・ジャワ　Museum Seni dan Budaya Jawa　▼Jalan Bovong No.8 Pakem, Seleman

アファンディ美術館　Museum Affandi　▼Jalan Laksda Adisucip No.167, Yogyakarta

バテック博物館　Museum Batik Yogyakarta　▼Jalan Dr. Sutomo 13A, Yogyakarta

ワヤン人形博物館　Museum Wayang Kekayon　▼Jalan Yogya-Wonosari No.277, Baturetono Bantul, Yogyakarta

メラピ火山博物館　Mount Merapi Museum　▼Jalan Kaliurang KM22, Boyong, Hariobinangun, Paken Sleman, Yogyakarta

空軍博物館　Museum Dhirgantara Manda TNI Angkatan Udara　▼Kompleks TNI Angkatan Udara,Wenocatur

軍事博物館　Museum Dharma Wiratamaa-TNI Angkatan Darat　▼Jalan. Jd. Sudirman

スディルマン大将記念博物館　Museum Sasmitaloca Panglire Basar Jenderal Sudirman　▼Jalan Bintara Welegn, Yogyakrta

スハルト記念館　Museum H.M. Seoharto di Kemusuk　▼Kemusuk, Argomulyo, Sedayu, Bantul, Yogyakrta

ゲムビラ・ロカ動物園　Gembira Loka Zoo　▼Jalan Kebun Raya No.2, Yogyakarta

ガジャマダ大学動物学博物館　Museum Biologi　▼Jalan.Sultan Agung No.22

タマンシスワ教育博物館　Museum Dewamtara Kirit Griya Tamansista　▼Jalan Taman Sisuwa, Yogyakarta

ジョグジャカルタ返還記念館　Museum Monumen Yogya Kembali　▼Dusun Jongkang, Sariharjo, Kec. Sleman, Daerah, Istimewa, Yogyakarta

ジョグジャカルタ戦争博物館　Museum Perjuangan Yogjakarta　▼Jalan Kolonel Sugiyon 24, Yogyakart

■ボロブドゥール

ボロブドゥール寺院　Candi Borobudur　▼Borobudur Kote, Mungkid, Manglung

ボロブドゥール船舶博物館　Museum Kapel Samudraraksa　▼Borobudur Kote, Mungkid, Manglung

ボロブドゥール考古博物館　Borobudur Archaeological Museum　▼Borobudur Kote, Mungkid, Manglung

ボロブドゥール美術館　Borobudur Art Museum　▼Borobudur Kote, Mungkid, Manglung

ムンドゥツ寺院　Candi Mendut　▶Desa Mendut, Mungkid, Mengelan
パオン寺院 Candi Pawon　▶Desa Mendut, Mengelan
ハジ・ウイダヤッ美術館　Museum H.Widayat　▶Jalan Lentnan Tukiya No.32, Mungkid, Manglung

■プランバナン
プランバナン寺院　Candi Prambanan　▶Jalan Raya Yogya-Solo Km.16　Prambanan
プランバナン考古学博物館　Museum Prambanan　▶Jalan Raya Yogya-Solo Km.16　Prambanan
プラオサン寺院　Candi Praosan　▶Bugisan, Pranbanan, Yogyakarta
セウ寺院　Candi Sewu　▶Klaten, Klaten, Central Java
サリ寺院　Candi Sari　▶Tirtonartani 55571 Sleman
カラサン寺院　Candi Kalasan　▶Jalan Raya Yogya-Solo Suryatmajar, Danurejan, Yogyakarta
サンビ・サリ寺院　Candi Sanbi Sari　▶Purwomartani, Kalasan, Yogyakarta
サジワン寺院 Candi Sajiwan　▶Jalan Jogia--Solo K. M. 16.5, Prambanan

■ソロ（スラカルタ）
カスナナン王宮　Kraton Kasunanan　▶Jalan Veteran, Solo
カスナナン王宮博物館　Museum Kasunanan　▶Jalan Veteran, Solo
マンクヌガラン王宮　Puro Mangkunegaran　▶Jalan Veteran, Solo
マンクヌガラン王宮博物館　Museum Puro Mangkunegaran　▶Jalan Veteran, Solo
ダナル・ハデイ博物館　Museum Batik Danar Hadi　▶Jalan Slmet Riyadi No.26, Solo
ラジャ・プスタカ博物館　Museum Radya Pustaka
▶Jalan Slmet Riyadi /Taman Wisata Budaya Sri Wedonri, Solo
スクー寺院　Candi Sukuh　▶Ngeblak, Solo
チュト寺院　Candi Ceto　▶Kemunig, Solo
サンギラン遺跡　Sangiran Site　▶Gemolong, Sragen, Centra Java
サンギラン博物館　Museum Purbakala Sangiran　▶Gemolong, Sragen, Centra Java
トリニール遺跡　Trinil　Site　▶Kawu

バリ島

ル・メイヨール美術館　Museum Le Mayeur　▼Jalan hang Tuah, Sanur, Denpasar
アントニオ・ブランコ・ルネサンス美術館　Museum Renaissance Blanco　▼Campuhan, Ubud
ネカ美術館　Museum Neka　▼Jalan Raya, Ubud
プリ・ルキサン美術館　Museum Puri Lukisan　▼Jalan Raya, Ubud
ルダナ美術館　Museum Rudana　▼Jalan Cok Rai Pudak No.44, Peliatan, Ubud
アグン・ライ美術館（アルマ美術館）Museum Agung Rai（ARMA）　▼Jalan Pengosekan, Ubud
W．バルワ・ギャラリー&ワークショップ　W.Barwa Gallery and Painter Workshop　▼Jalan Peliatan Mas, Ubud

ルキサン・シデック・ジャリ博物館　Museum Lukisan Sidik Jari　▼Jalan Hayam Wuruk, No 175 Tanjung Bungkak
ペデット美術館　Museum Pendet　▼Bale Bali, Nyuh Kuningu, Ubud
パシフィカ美術館　Museum Pasifika　▼BTDC area, Block P, Nusa Dua
プーマ美術館　Museum Puma　▼Jalan Trenggana 108 Penatih, Denpasar
ニョマン・グナルサ美術館　Museum Nyoman Gunarsa　▼Jalan Pertigan Benda No.1, Takmung, Banjarangkan, Klungkung

アロン・ギャラリー　Galeri Alon　▼Jalan Raya Mas. No.52, Gianyar
バジラ・サンディ（平和記念博物館）Museum Bajra Sanidhi　▼Jalan Raya Puputan, Renon, Denpasar
マルガラナ博物館　Museum Margarana　▼Dusun Kelaci, Tabanan
ププタン記念碑　Monumen Puputan　▼Semarapula, Klungkung
考古学博物館　Purbakala Archaeology Museum　▼Tanpaksiring, Bedulu, Blahbatuh, Gianyar
バリ博物館　Museum Bali　▼Jalan Letkol, Wisnu, Denpasar
バリ・アートセンター　Bari Art Centre　▼Jalan Nusa Indah, Denpasar
クルタ・ゴサ博物館（スマラジャヤ博物館）Museum Kertha Gosa　▼Jalan Untung Surapati No.3, Semarapura
プルバカラ遺跡博物館　Museum Situs Purbakala　▼Jalan Melaya, Gilimanuk

仮面とワヤンの博物館　Tupen & Wayang Museum　▼Mas
テガララン・ライステラス　Tegallalang Rice Terace　▼Jalan Sriwedari, Ubud
ジャテルウィ・ライステラス　Jatiluwih Raice Terace　▼Desa Jatiluwih, Tabanan
スバック博物館　Museum Subak　▼Sanggulan Jalan Gatot Subroto Tabanan
ルナ宝石博物館　Museum Perhiasan Runa　▼Banjur Abiansemal, Lodtunduh, Ubud
バトゥール火山博物館　Batur Volcano Museum　▼Penelokan, Kintamani Bongli
エレファント・サファリ・パーク　Elephant Safari Park　▼Ubud
バリ動物園　Bali Zoo　▼Jalan Raya Singapadu, Sukawati, Gianyar
バリ・サファリ&マリンパーク　Bali Safari & Marine Park　▼Jalan Bypass Prof. dr, Ida Bagus Mantrakm
バリ・バード・パーク　Bali Bird Park　▼Jalan Serna Cok Ngurah Gambir, Singapadu, Batubulan-Gianyar
リンパ・レプティル・パーク（爬虫類パーク）Rimba Reptil Park
▼Jalan Serna Cok Ngurah Gambir, Singapadu, Batubulan-Gianyar

バリ蘭センター　Bali Orchid Garden　▼Jalan Bpas Tohpati Kusamba, Denpasar
バリ・バタフライ・パーク　Bali Butterfly Park　▼Tabanan
バリ植物園　Kebun Raya Bali（Eka Karya）　▼Candikuning, Baturit, Tabanan
バリ貝類博物館　Bali Shell Museum　▼Jalan Sunset Boulevard 891 Kuta
ラタ・マホサディ芸術資料センター　Lata Mahosadhe Arts Documentation Centre
▼Jalan Nusa Indah, Denpasari

クルタ・ゴサ（スマラプラ王宮跡）Kertha Gosa（Puri Semarapura）
▼Jalan Untung Suropati, Semarapura, Klungkung

ウブド王宮　Puri Saren Agung（Ubud Palace）　▼Jalan Raya Ubud, Ubud
ブレレン博物館　Museum Buleleng　▼Jalan Veteran, Singaraja, Blueleng
ロンタル文書図書館　Museum Gedong Kirtya　▼Jalan Veteran, Singaraja, Blueleng
ゲーウェーカー・カルチュアルパーク　Garuda Wisnu Kencana Cultural Park
▼Jalan Raya Uluwatu, Ungasan, Kuta Saltan, Badung

ヤダナヤ博物館　Yadnya Museum　▼Mengwi
ブサキ寺院　Pura Besakih　▼Jalan Raya Besakih, Karangasem

ティルタ・エンプル寺院　Pura Tirtha Enpuri　▼Banjar Tampak Siring, Tampaksiring

タナ・ロット寺院　Pura Tanah Lot　▼Desa Beraban, Kecamatan Kederi, Tabanan

ウルン・ダヌ・ブラタン寺院　Ulun Danu Bratan Temple　▼Danau Bratan, Baturiti

ウルワツ寺院　Pura Luhur Uluwatu　▼Jalan Raya Uluwatu, Kuta Selatan, Peatu

タマン・アユン寺院　Pura Taman Ayun　▼Jalan Ayodya, Mengwi

ジャガッナタ寺院　Pura Jagatnatha　▼Jalan Mayor Wisnu, Denpasar

ゴア・ガジャ　Goa Gajah　▼Ubud

イエ・プル　Yeh Pulu　▼Ubud

ウルン・ダヌ・バトウール寺院　Pura Ulun Danu Batur　▼Jalan Kintamani Singaraja, Kintamani

著者

中村　浩（なかむら　ひろし）
1947年大阪府生まれ。1969年立命館大学文学部史学科日本史学専攻卒業。大阪府教育委員会文化財保護課勤務を経て、大谷女子大学文学部専任講師、助教授、教授となり現在、名誉教授（校名変更で大阪大谷大学）。博士（文学）。この間、福井大学、奈良教育大学、岡山理科大学非常勤講師ほか、高野山真言宗龍泉寺住職。専攻は、日本考古学、博物館学、民族考古学（東アジア窯業史）、日本仏教史。
『河内飛鳥古寺再訪』、『須恵器』、『和泉陶邑窯の研究』、『古代窯業史の研究』、『古墳文化の風景』、『古墳時代須恵器の編年的研究』、『須恵器集成図録』、『古墳時代須恵器の生産と流通』、『新訂考古学で何がわかるか』、『博物館学で何がわかるか』、『和泉陶邑窯の歴史的研究』、『和泉陶邑窯出土須恵器の型式編年』、『泉北丘陵に広がる須恵器窯―陶邑遺跡群』『須恵器から見た被葬者像の研究』などの考古学関係書のほか、2005年から「ぶらりあるき博物館」シリーズを執筆、刊行中。既刊は、〈パリ〉、〈ウィーン〉、〈ロンドン〉、〈ミュンヘン〉、〈オランダ〉のヨーロッパ編５冊と、〈マレーシア〉、〈バンコク〉、〈香港・マカオ〉、〈シンガポール〉、〈台北〉、〈沖縄・奄美〉、〈マニラ〉のアジア編７冊（いずれも芙蓉書房出版）。

ぶらりあるきインドネシアの博物館

2015年 7月15日　第１刷発行

著　者
中村《なかむら》　浩《ひろし》

発行所
㈱芙蓉書房出版
（代表 平澤公裕）
〒113-0033東京都文京区本郷3-3-13
TEL 03-3813-4466　FAX 03-3813-4615
http://www.fuyoshobo.co.jp

印刷・製本／モリモト印刷

ISBN978-4-8295-0655-4